爱的重建

愿你永远拥有爱的能力

[美] 阿明·扎德 著
沈洁 译

The Forgotten Art of Love

Armin Zadeh

天地出版社 | TIANDI PRESS

图书在版编目（CIP）数据

爱的重建 /（美）阿明·扎德（Armin Zadeh）著；沈洁译. —成都：天地出版社，2018.9
ISBN 978-7-5455-4085-7

Ⅰ. ①爱… Ⅱ. ①阿… ②沈… Ⅲ. ①爱情—研究 Ⅳ. ①C913.1

中国版本图书馆CIP数据核字（2018）第162677号

The Forgotten Art of Love by Armin Zadeh, MD, PhD
First published in the United States of America by New World Library

著作权登记号 图字：21-2018-360

爱的重建
AI DE CHONGJIAN

出品人 杨 政
著 者 [美] 阿明·扎德
译 者 沈 洁
责任编辑 张秋红 孟令爽
封面设计 主语设计
内文排版 新视点
责任印制 葛红梅

出版发行 天地出版社
（成都市槐树街2号 邮政编码：610014）
网 址 http://www.tiandiph.com
http://www.天地出版社.com
电子邮箱 tiandicbs@vip.163.com
经 销 新华文轩出版传媒股份有限公司

印 刷 北京嘉业印刷厂
版 次 2018年9月第1版
印 次 2018年9月第1次印刷
成品尺寸 145mm×210mm 1/32
印 张 8
字 数 137千
定 价 45.00元
书 号 ISBN 978-7-5455-4085-7

咨询电话：（028）87734639（总编室）
购书热线：（010）67693207（市场部）

各界赞誉

睿智，缜密，文笔优美，《爱的重建》是一本不会被遗忘的书。

——**丹尼尔·吉尔伯特，哈佛大学教授，《哈佛幸福课》作者**

我们知道，爱神奇而美妙，可所谓的爱又是什么呢？《爱的重建》提供了地图和方法，让我们能从更广阔的角度、更为深入地理解爱是什么、爱不是什么，欣赏其中的奥妙，并领悟如何去爱。阿明·扎德带领我们超越艾里希·弗洛姆的影响深远的《爱的艺术》，从更为广阔的历史和当代角度去认识，当我们谈论爱时，我们究竟在说什么，表达了什么意思。

——**迈克尔·克拉斯尼，克拉斯尼论坛主持人**

在《爱的重建》一书中，阿明·扎德医生以行云流水般、有理有据的文字提醒我们，健康的爱有多重要、多难得。他以科学家的批判精神和艺术家的敏锐观察，剖析了我们所能感知的不同种类的爱，并教会我们如何去感受这些爱。这是一本鼓舞人心、顺应时代的书！

——亚历克斯·里克曼，医学博士

如果你想要更清晰地理解爱背后的“为什么”——比如它和性、宗教、浪漫、社会以及我们自身之间的关联性——请尽情徜徉在这本启发人心的著作中，探索爱为我们的世界带来的所有东西。《爱的重建》指引你进入唯有心灵才能抵达的空间，踏上一场浩瀚迷人的精神之旅。在此过程中，阿明·扎德很可能会改变你思考爱、感受爱的方式。

——斯科特·斯泰比尔，美国畅销书作者

通过发人深省、便于理解、覆盖面广、最终令人满意的分析，阿明·扎德试图解决生活中最大的奥秘之一——爱是什么？更重要的是，他描述了我们该如何去增强爱的能力，如何教育孩子们爱的重要性。

——彼得·雷宾斯，医学博士，约翰·霍普金斯大学教授

结合了古老传统和最前沿神经科学的见解，《爱的重建》将激励你发现日常生活中爱的举动之至美。各式各样的爱让我们的社交生活变得更丰富更有意义，本书将帮你加强这些爱。

——达契尔·克特纳，加州大学伯克利分校心理学教授

推荐序 I

学会“爱”，不辜负这个时代

夏日的一天，我正和一位电视台主持人坐在三里屯的室外咖啡馆，沐浴着略有些火辣的日光闲聊时，她忽然问了我一个问题：“你见了这么多牛气的企业家、艺术家、学者，有没有发现他们拥有一些共同特点呢？”

我不假思索就脱口而出：“杰出人的共性是富有激情。”

“那他们为什么这么有激情呢？”她又好奇地问，“只是跟天生的基因有关，还有没有其他的原因？”

这可真是个好问题，人的激情究竟来自哪里？

其实长久以来，我也在思考这个问题：一旦你踏入社会，面对漫长的人生，琐碎的日常，尤其是各种挑战和困难时，人很难保持持久的激情，生活常常沦为循规蹈矩乃至平乏无味的重复。

这些牛人是怎么保持激情的呢？能持久保持锐气不为日常的平庸所消磨呢？我也在不停地琢磨这个问题。

确实，这些牛人，尤其那些运筹帷幄的企业家，拥有非常出色的头脑，他们非常聪明，但这显然不是全部，这不能解释他们为什么这么有激情，我肯定忽视了些什么。

直到有人问起我，你见过真性情的人都有谁？

我脑海里迅速浮现出这些大神来，我豁然明白我忽视了些什么——这些人都是有真爱的人。或者说，他们是非常懂得“爱”的人。

是的，被我忽视掉的就是“爱”，我一贯认为爱是一种本能，甚至怀春的少年就已经懂得，只要一个人智力正常，神志清醒，他就不可能不懂得爱。

但实际并非我想象的这么简单，尽管我们每个人都在成长的历程中或多或少体会到“爱”的滋味，并大胆热烈地追求过“爱”。其实，大多数人并没有真正辨识清楚“爱”的诸多含义的微妙区别，甚至可以不客气地说，太多人不具备“爱”的能力。

那些真正杰出的牛人能做出非凡的事业，其实有很大一个原因是因为他们寻找到了“真爱”，而且我相信“爱”绝非是一种简单的本能，如人们常把“爱”和“性”所混淆的那样，也不是所有人都能在有生之年遇到真爱。

略举一个大家熟悉的例子就可以说明这个问题。

乔布斯早在2003年就查出了癌症，但直到2011年他去世前几个月，他还一直在坚持工作。显然，这不是因为乔布斯缺钱，他在不到30岁时挣的钱就足够花几辈子了。

在2005年斯坦福毕业典礼的演讲中，乔布斯就曾讲道：要找到自己的真爱，只要你是追随自己的内心去做自己真爱的事情，那么终究有一天回过头来时，今天看似零散的事情其实也是很有意义的。

乔布斯的真爱就是打造改变世界的产品，这驱动他即使在备受病痛折磨时仍然做出了非凡的成就。

爱原来别有深意，也对我们的生活和工作影响至深。但也许正因为我们对“爱”太熟悉，以致于我们常常自负地认为我们很懂得“爱”，不需要学习。

课堂也很少教给我们这样的知识。艺术作品里虽然充斥了大量这样题材的作品，但太多时候是在迎合我们，而不是引导我们去思考和提升爱的能力。以致于我们会进入这样的误区，那些最懂得“爱”的人是我们嘴里常说的“情圣”，这种错误认识不但会坑害我们的个人生活，还会耽误我们的事业，但是我们本可以在真爱驱动下富有激情地扬帆远航。

所以，我向大家推荐《爱的重建》，这是在弗洛姆《爱的艺术》之后对“爱”这一主题的又一次系统思考。这不是一本学术研究著作，而是事关我们每个人的生活、工作，帮助我们找到前行动力，启蒙我们对本认为熟悉“爱”的反思，学会去“爱”。

我们这个时代更加包容，让我们有更大的空间去选择自己想要的人生和生活。我们不必委屈地为了父母的意愿而和不喜欢的人结婚，也不必为了所谓的铁饭碗忍受一份自己不喜欢的工作。

当选择主动权在我们手里时，我们就越要珍惜，因为终究有一天我们会离开这个世界。

那时回过头来，我们要能无悔地说——这一生我没白活，因为我真爱过！

唐文

资深营销专家，畅销书作者

推荐序Ⅱ

爱是一门艺术——重新塑造爱

爱是什么？爱是情人间的两情相悦，爱是父母对孩子无条件的关注，爱是对他人深深的支持与理解，爱是因他人的幸福而感到快乐的能力，爱是人类生存的必需品，可以说，爱创造了宇宙万物。

爱或许是一个说不清、道不明的东西，每个人都对爱有着不同的理解。阿明·扎德博士在《爱的重建》这本书中，试图用哲学、生物学、心理学、人类学、进化学、社会学、宗教、伦理等多个视角去诠释什么是真正的爱，如何获得持久的爱。

爱不是占有、控制与改变他人。我们经常会陷入这样的误区，以为我爱你，我就有了要求你爱我的权利；因为我爱你，你必须要顺从我；因为我爱你，你就要让我幸福，为我的一生负责。这样的爱是一种功能性的，是以自我为中心的，当我们无法从对方那里得到我们期待的东西，而事实上，没有人能满足我们这样的需要，我们往往就会对爱失望，甚至于想要离开这段令人沮丧的关系，重新踏上寻找真爱的旅途。

爱只是给了我们为所爱之人做事的权利，一种强烈的希望对方幸福的愿望，并且持续地为爱投入。爱总能让我们在对方身上看到他的美、善良与独一无二的魅力。爱是奉献，但不是让自己活得卑微；爱是彼此成就，让彼此都成为更好的自己。在给予的过程中，爱的能量就开始在两个相爱的人之间自由地流动。

爱首先是一种无条件的付出。大多数美满的两性关系总是把“给予对方所需要的”看得比“得到自己所需要的”更重要，他们更关注对方的满足感。这正是阿明·扎德所说的将爱的地位置于竞争性冲动之上。竞争性的冲动包括我们想要的即时满足，我们想要控制他人的欲望，以及对他人爱的索取等等。当我们清除这些利己的冲动，爱就会取而代之。

爱是如何发生的呢？我们为什么会爱上他（她）而不是他（她）？坠入情网是一件自然发生的事情，我们不需要做什么，也许仅仅是在人群中多看了一眼，从此就无法忘记他（她）的容颜。如果我们渴望而得不到，或者冲破艰难险阻而获得了爱，这往往被文学作品渲染为伟大的爱。其实，我们也许爱上的根本不是那个人，而只是我们期待、幻想中的他（她），那是由我们的内心的照片决定的。

内心的照片早已在不经意间根植于我们的内心。我们或许想要找一个像妈妈那样美丽、善良的女人，抑或拒绝找一个像爸爸那样乏味的男人；或许想找一个像电影中的男主角那样风流倜傥的男人，又或者想找一个像老师那么博学的男人。我们努力在现实中找到与我们内心照片相匹配的人，然后以为找到了真爱。

当真正地走进一段关系中，开始了解一个人时，我们会发现，他与我们内心中的照片有着很大的差距，他（她）不再是我们内心那个完美的形象，他（她）的样子开始变得无法忍受，我们也就从坠入情网的激情期迈进了权力斗争期。爱一个人是如其所是，还是如我所愿？抱着如我所愿的目的，爱可能很快就会消失，我们开始在关系中挣扎，我们感受到被爱所伤，之前爱带来的快乐感有多强，此时感受到的痛苦就有多深。

什么样的人才能获得真爱呢？根据调查，那些对生活始终保持积极的态度、体贴他人、对自我了解、对自我经常进行批判性反思、具备情绪管理的能力、有与他人交往的能力、自爱而又自信的人，更容易获得真爱，也更容易感受到幸福。这样的人更具有成熟的心智，具有健康的人格。

每个人都需要终生成长。没有充分成长的人，可能会在亲密关系中遭遇到各种各样的问题，以至于他们不再相信自己可以获得爱、给予爱。有的人始终处在一个婴儿的状态，他们不能承担责任，不能为他人负责，也不能为自己负责，总是想要完全依附于另外一个人，认为别人对他的付出都是理所应当的。他会用无所不能来武装自己，而将自己的无能投射给伴侣，让伴侣感受到无法满足他的需要的挫败感以及内疚感，就如早年无情地使用他的母亲一样。

不成熟的爱，还有可能演变成施虐与受虐的关系。有一种被称为“圣母型人格”的人，她们早年习得的生存模式就是讨好与付出，而期待的是自己重要的关系人，大多数时候是父母的认可，而在成年之后，又把同样的模式套用在了亲密关系中。她们如此的付出，如此的牺牲，如此的委屈，如此的卑微，甚至低到了尘埃里。她们传递着一种强烈的讯息，那就是她不配得到爱，她不值得被爱。施虐与受虐就成为了合谋的结果，你是什么样的人，你就会吸引来什么样的人。

所以，只有发展出自我价值感，拥有爱的能力，我们才可能找到真正的爱。自我价值感包括了自信、自爱与自尊。自信，让我们相信自己有能力获得爱、拥有爱，相信自己是独一无二的，自己身上有着吸引人的闪光点；自爱，让我们学会爱自己，有爱自己的能力。一个不爱自己的人，也无法爱他人；自尊，让我们学会自我尊重，知道自己值得被爱，值得被珍视。

假如我们真的能够获得真爱，那么如何维持爱？完美的童话般的爱真的存在吗？天造地设的完美组合真的有可能存在，两个人有着共同的价值观，相似的兴趣爱好，相互适应的生活方式，和谐美满的性生活，永远保持求知的欲望让彼此充满了新鲜感，更容易在爱中得到滋养。其实我所罗列的这些都不重要，相爱的秘诀其实很简单，永远把爱看得比其他事情更重要，这才是爱的真谛。只要我们专注于爱，密切关注伴侣的行为与愿望，也许我们可能会爱上任何人。

爱是一种创造力，爱能让我们战胜恐惧，让我们身心愉悦，让我们感受到幸福，让我们有健康的身体。让我们在爱中修行，学习爱这门艺术，缔造自己的幸福人生。

任丽

国家二级心理咨询师，心理专栏作者

目 录

前 言

爱是我们所有人都非常关心的一件事。实际上，绝大多数人会将爱列为幸福生活中至关重要的元素。然而，我们对于爱如何发展、怎样才能拥有爱以及爱如何帮助我们获得幸福的了解却微乎其微。对于生活中大多数对我们来说重要的事物，例如爱好或者职业，我们通常会花费多年时间去训练并掌握必需的技能。人们可能会花几周、几个月的时间去精通一个和现实生活基本无关的电子游戏。

如果爱对我们来说至关重要，那我们为什么不付出相同的努力，让爱来到我们的生活中，并让它始终不渝呢？首先，很多人认为爱是无法掌控的东西。我们也许会觉得，只要足够幸运，爱就会降临在我们身上。我质疑这个观点，我认为实际上任何人都可以得到爱。另一个问题是，“爱”这个词定义不明确，它在不同的语境中含义不同，这个现象在英语中尤为明显。我们也许会说“我爱冰激凌”，可这里的“爱”和我们说“我爱我的孩子”时的“爱”意义不同。我们也许会对迷恋的对象耳语“我爱你”，可当我们对老朋友说出同样的话时，心中的感觉却大不相同。当我们试着去爱我们的邻居时，我们指的真的是“爱”吗？这些是不同类型的“爱”吗？爱有没有一个统一概念呢？

30年前，我还无法回答这些问题，直到有一天父母书架上的一本书吸引了我的注意力。这本书的名字叫《爱的艺术》，艾里希·弗洛姆著，首次出版于19世纪50年代[1]。作为一个年轻人，我希望这是一本新版的《印度爱经》，于是就急切地把它从书架上拿了下来。当发现这是一本分析爱的现象的严肃之作、而不是点拨性爱技巧的实用指南后，我起初很是失望，随后却被作者的观点深深吸引。我读了几个小时，越来越入迷。

弗洛姆阐述的爱，某些方面听起来是真的，但同时似乎和大

---

1 E.弗洛姆：《爱的艺术》，哈珀出版社，纽约市，1956年。

众对爱的普遍看法相反。弗洛姆的理念似乎有助于指导我们解决人际关系中的诸多问题，有益于改善全人类的状况。当时，我并不知道我捧着的是一本全球畅销书，它帮助成千上万的人对爱有了更为全面的理解。1964年12月，就在接受诺贝尔和平奖的前几天，马丁·路德·金在伦敦发表了一篇演讲，在这篇演讲中，他盛赞弗洛姆，因为弗洛姆将爱誉为“生命中至高的凝聚力”。[1]

尽管我认为弗洛姆对爱的理解令人信服，但同时我也觉得他并非完全正确。我感到在他的描述和论点中有些方面不对，至少不完善。此外，弗洛姆是在20世纪50年代的心理学背景下著作本书的，他个人的以及广泛流行的宗教对人类存在目的的观念影响了他。这本书写于20世纪60年代的社会革命之前，当时我们在人类生物学方面还未取得20世纪晚期和21世纪初期的那些大量突破。我记得我曾和父母就弗洛姆的理念进行过广泛讨论——我母亲是心理学家，我父亲是司法精神病学家。然而，我并没有得到满意的答案。

1 “新发现的马丁·路德·金1964年关于南非公民权利、种族隔离和种族隔离制度的演讲”，视频和文字记录，今日民主，www.democracynow.org/2016/1/18/newly_discovered_1964_mlk_speech_on，访问于2016年9月18日。

20世纪80年代，《爱的艺术》基本上被遗忘了，只有那些热衷于文学或心理学的人才知道它的存在。从那时起，我就想详细阐明弗洛姆的观点，并解决其中的不足之处，将之传递给新一代人。爱是一个多元化现象，影响着人类生活的方方面面。任何仅从生物学、心理学、社会学、灵性或哲学的单一角度去思考爱的尝试，都无法充分展现其巨大的复杂性及其对我们生活的掌控力。

在当时那个年纪，我没有能力提出如此全面的观点，于是我将自己对《爱的艺术》一书的想法埋在心里，继续接受教育。我开始攻读医学，获得了医学和哲学博士学位，成为了心脏病专家、教授和科学家。更重要的是，我做了丈夫和父亲。自然，这些角色进一步影响了我关于爱的理念。我继续接受在这方面的非正规教育，数十年来，那些想法在我的脑海中逐步成型，不仅如此，它们还成了我行动中的可靠伙伴。

作为一名内科医生，特别是照料心脏病患者的医生，在帮助病人时不能仅局限于心脏本身的疾病。医生需要从更广阔的角度看待问题，理解病人的情绪对他们的感觉和身体状况有什么影响。我们知道，由衷的关切，那种被医生和护士真正关心的感觉，对病人的康复有着巨大影响。

要理解一个人的痛苦，我们需要理解一个人。要理解一个人，我们必须观察一下人的本性。什么是幸福和快乐？什么让人痛苦？最剧烈的身体疼痛可能比情绪上的痛苦更容易忍受。心碎则是所有痛苦中最为剧烈的。不仅逝去的恋情会让人心碎，失去任何一种爱都会令人极度悲伤和痛苦。爱是人类生命中最珍贵的东西——甚至比生命本身更加珍贵。如果我们不懂爱，就会对生活所知不多。

在许多方面，本书是50年来寻找关于爱的答案的成果。最初的20年，我主要是被动地吸收关于爱的概念，特别是通过来自父母、家人以及朋友的关爱。接下来的30年，我积极地尝试回答与爱相关的问题，其中很多问题是由艾里希·弗洛姆提出的。

超越弗洛姆的假说，我以生理学和进化的现代观点为基础去探索爱。我试图把爱和通常与人类本能相关的性和依恋等区分开来，从社会、哲学和宗教信仰的角度去探讨爱。最后，我阐述了在社会上宣导爱的重要性，特别是要教会我们的孩子如何去爱。

本书并非旨在学术研究。尽管我引用了学术文献来证明某些观点，为深入阅读提供参考，但它并不是一本对爱的现有知识的专题综述。相反，我想要综合来自人类不同领域的见解，提供一套关于爱的准则，创造一种易于理解、有建设性、切实可行、适用于日常生活的爱的方法。我们要认识到，我们的生活可以充满爱。

爱是人类生命中最珍贵的东西——

甚至比生命本身更加珍贵。

如果我们不懂爱，

就会对生活知之甚少。

第一章　爱是什么

对爱更精确的定义也许是强烈希望某人（或某物）幸福安康，并为之不断努力。

在我们的社会中，在歌曲、电影和书中，当一个人对另一个人产生强烈的渴望之情时，我们称之为爱。这种思慕可能压倒一个人生命中的其他事物，并释放出前所未有的活力。它同时包含着狂喜和痛苦，因为我们对感情的互动既持希望又抱猜疑。

“沐浴爱河”是最令人激动的情绪状态之一，许多人把它与生命中最大的幸福联系在一起。我们大多数人心中都藏有一些浪漫的爱情故事，它们可能来自小说、诗歌、电影或是亲身经历。这种感觉以及它对我们思想行为的控制特别强烈，以至于我们可能会终生不忘。当我们事后回忆起为爱疯狂时所做的那些傻事，为了得到心上人的稍许关注而产生的焦虑，我们可能会暗自发笑。

当我们陷入情网后，世界似乎都不同了，我们因幻想和愿望目眩神迷，感觉像是中了魔咒。除了心上人，一切都不重要。如果心上人回应了我们的感情，那份激动就上升为狂喜。难怪大多数人都渴望这种感觉，艺术和娱乐片都着力刻画它。

在我们的文化中，最具影响力的故事主要与爱有关。想想希腊神话里的帕里斯和海伦、克莉奥佩特拉和马克·安东尼、罗密欧和朱丽叶——最伟大的诗人和作家笔下的这些爱情故事令读者痴迷。可是，你能想象罗密欧对朱丽叶的强烈情感不是爱吗？

艾里希·弗洛姆对爱情仅仅是强烈情感这一观点提出了根本

性挑战[1]。他将“坠入情网”和“恋爱状态”区别对待。他认为，我们坠入情网时所体验的强烈感觉其实根本不是爱，而是一种迷恋状态。这一论断引起了大规模的论战。不过，恋爱过的人都知道，恋爱关系初期那种痴迷执着、全心投入的感觉并不会持久。最终，它们会逐渐消失。尽管我们仍然对心上人满怀深情，但不会如最初那般迷恋。

就算是几十年后依然相爱的夫妻也承认，他们后来的关系和一开始明显不同。当这些最初的强烈情感开始消退，因为幻想破灭，事实上很多婚姻就开始崩溃了。

弗洛姆逝世半个世纪之后，生物检验方法为恋爱现象提供了新的见解。研究人员比较了刚刚陷入情网人士、单身人士以及处于长期伴侣关系中的人士血液中的几种激素水平[2]。他们发现，刚刚陷入情网人群的皮质醇（一种机体释放以应对压力的甾类激

---

1 弗洛姆：《爱的艺术》。

2 S.泽基：《爱的神经生物学》，欧洲生化学会联合会快报，581期，25–79页，2007年；L.斯达卡：《配对键的内分泌因子》，布拉格医疗报告，108期，297–305页，2007年；D.马拉兹蒂和D.卡纳莱：《恋爱时的激素变化》，精神神经内分泌学杂志，29期，931–936页，2004年；E.伊曼纽尔、P.波利蒂、M.比安奇、P.米诺雷迪、M.贝尔托纳和D.杰罗尔迪：《血浆神经生长因子水平的提高与恋爱早期相关》，精神神经内分泌学杂志，31期，288–294页，2006年。

素）水平及其他一些血液激素高于处于长期伴侣关系中的人群。此外，激素水平的差异与坠入情网的强烈情感有关，而且在恋爱关系后期，激素水平会恢复正常。目前，尚未完全查明到底是哪些激素造成我们坠入情网后情绪高涨，但是其中包括多巴胺、后叶催产素、肾上腺糖皮质激素、脑啡肽和苯丙胺。这些激素可以引发欣快感，比如，后叶催产素可以助长依恋。实际上，其中一些激素的强大作用已经能和可卡因的作用相提并论[1]。当我们面临压力时，机体也会释放皮质醇，这就解释了为何坠入情网也会有一些不适反应，比如焦虑和失眠。

研究大脑和神经系统的新方法也促生了对爱的新颖见解。使用功能性磁共振成像（fMRI）技术比较两组人群的大脑：刚刚坠入情网的群组和处于长期伴侣关系中的群组，结果显示，在这些阶段，他们的大脑活动有一些显著差异，从而证实了从血液激素分析中得到的结论[2]。具体而言，刚刚坠入情网的群组，其大

1　A.巴特尔斯和S.泽基：《恋爱的神经基础》，神经学刊，11期，3829-3834页，2000年。

2　S.奥提格、F.比安奇-德米切利、N.帕特尔、C.弗鲁姆和J.W.刘易斯：《爱的神经影像学：关于性医学新观点的功能性磁共振成像元分析的证据》，性医学杂志，7期，3541-3552页，2010年。

脑中与强迫性行为相关的区域远比处于长期伴侣关系中的群组大脑中的此类区域活跃。这些发现也许可以解释我们在此阶段对爱情的痴迷。

此外，研究显示，血液激素的升降与坠入情网的阶段性相当一致，并且可预期。通常，在恋爱一到四年后，激素水平会恢复正常。激素水平的下降和恋爱中激情消退相关。离婚率在婚后第四年达到峰值，这表明分手可能与爱情激素水平的下降，以及由此引发的激情消退相关[1]。

所以，血液检验和脑部核磁共振成像的结果都表明，坠入情网和长期恋爱不同。当坠入情网时，我们满脑子想的都是心上人。多巴胺水平上升会使人产生欣快感，充满活力，这种状态就算用强效的药物也难以达到。研究表明，我们会在看到一个人的那一秒瞬间坠入情网[2]。我们的大脑下意识地以闪电般的速度列出一系列标准，如果那个人符合这些标准，我们就坠入情网。因为这套标准涵盖范围广，并且很可能随着我们阅历的增长而不断扩充，所以我们不会频繁地坠入情网。我们坠入情网的标准在某

1　H.E.费雪：《解剖爱情：一夫一妻制、通奸和离婚的自然史》，西蒙与舒斯特出版公司，伦敦，1992年。

2　奥提格等人：《爱的神经影像学》。

种程度上是天生的，但它们也会被我们的成长经历所塑造。如果我们足够留意，就会发现让我们心动的人的相同之处。

我们为什么会坠入情网？这似乎是大自然快速发展一段关系的方式。从进化心理学的角度来看，我们大脑中产生的活力和欣快感是为了在两个人之间建立牢固的纽带，达到繁衍的目的。然而，和性冲动不同，坠入情网不仅能创造性交的氛围，也能让伴侣之间发展出足够亲密的关系，让他们能够共同去保护后代，帮助后代度过最脆弱的时期[1]。三到四年的伴侣关系，通常足够产下后代，并守护他们度过全然无助的幼年期。之后，父母中的一方往往能够安全地将后代养育到生殖年龄，这就是进化的关键目标。由于进化在乎的是效率，坠入情网的状态只需要持续三到四年。

这是一个发人深省的观点。所有这些美妙的感觉只是大自然诱导我们顺利交配繁衍的方式？爱注定难以持续？关于这些问题，答案取决于我们是否将坠入情网时的感觉和我们爱时的感觉等同起来。为了解决这些问题，我们需要定义爱，而这不是一件容易的事。几千年来，哲学家、宗教领袖、诗人、作家以及各式

1　费雪：《解剖爱情》。

人等都试图定义爱，但仍然没有一种广为接受的观点能涵盖爱的全部复杂性。一些哲学文章声称，爱是无法定义的。

对爱的解读和定义深受社会、哲学和宗教信仰的影响。因此，在不同的文化中，爱可能有不同的含义。在我看来，很多经常与爱联系在一起的情感，并不是爱本身的一部分。

17世纪的德国学者和哲学家戈特弗里德·莱布尼茨把爱定义为“因他人的幸福而感到快乐”的能力，这个定义捕捉到了爱的大部分真谛[1]。如果我们爱一个人，看到他/她幸福，我们的确会感到快乐。大多数人都曾感受过看到爱人眼中的喜悦而产生的满足感。另一方面，莱布尼茨对爱的定义并没有考虑到情侣的强烈情感以及他们在创造这份情感中所发挥的积极作用。“因他人的幸福而感到快乐”既可以用来描述稍纵即逝的瞬间同情，也可以描述深沉持久的爱。

对爱更精确的定义也许是强烈希望某人（或某物）幸福安康，并为之不断努力。因此，爱是更强烈的关心或同情。比起单纯的关心，爱具有更强烈的冲动、更大的满足感以及更热切的情

1　G.W.莱布尼兹：《莱布尼兹短文集：新译本集，劳埃德·斯特里克兰译》，布鲁姆斯伯里学术出版社，189页，2006年。

感。但是，同情和爱之间的界限并不清晰。它取决于我们的情感强度和投入程度，比方说，我们愿意为他人的幸福安康做出多大的牺牲。举个例子，我们可能偶尔和邻居闲聊，我们喜欢她，当我们听说她摔坏了髋关节，需要人帮忙接送上下班或者购买东西时，我们乐于提供帮助。然而，我们不会辞职或者做出别的重大牺牲去帮助她。这些事我们会为爱人和亲密的人去做。因此，我们对他人幸福安康的投入和与之相连的情感，决定了我们认为它是爱还是同情。

正如我们发现很难定义爱一样，我们也没有全面了解爱是如何产生的。通常的观点认为，爱的降临不以我们自身的意志为转移。与此相反，弗洛姆认为，爱是一种行动，需要巨大的努力和关注，实际上，爱是一门艺术。要掌握爱的艺术，我们必须投入，并且把它视为头等大事。弗洛姆认为，如果我们全心全意地努力，其实我们可以爱上任何人。爱不是关于爱的客体，而是关于爱的主体，也就是我们对所爱之人的感知。

弗洛姆对爱的看法受到了许多人的热烈拥护，但也遭到了批评。有些人觉得，这种冷静理性的描述，忽略了爱的情感方面，排除了两个人之间存在独特的情感纽带的可能性。实际上，情感是爱不可或缺的部分。每个人都能体会到看见爱人的喜悦，感受到拥抱对方的冲动。在坠入情网阶段过去之后，这些感觉依然存在，它们是爱的本质部分。尽管弗洛姆强调爱中主动自觉的要素是正确的，但我认为他的天秤太过倾斜，他对于爱的看法过于冷静和理智。

爱既有主动成分，也有被动成分。主动的爱包括有意识地或潜意识地将爱的地位凌驾于其他人类冲动之上。不过，爱的情感是自发的，比如因为看到心上人快乐而感到喜悦，从这方面来说，它们是被动的。这些情感是爱的行为产生的自然结果。如果我们仔细回想曾经体验过的最幸福的感觉，大概会想到看见孩子或伴侣喜气洋洋时所感受到的快乐。我们满心温暖，无限满足，这就是爱最伟大的回报。但是要体验这些狂喜，我们必须先要主动在思想中触发爱的过程（有意识地或潜意识地）。

和坠入情网时伴随的感觉不同，只要我们持续地去爱，那么作为爱的组成部分，我们所体验到的情感就会持久。真正的爱往往需要我们了解心上人——远深于我们与某人坠入情网时所需要的了解。通常，仅凭外表或者短暂的接触就能触发瞬间的激情。这份激情让我们对心上人产生一种印象，而这种印象大部分基于我们自己的渴望和向往，并不能反映现实情况。我记得16岁时在舞厅看到一个姑娘，初次“为爱痴狂”时的景况。我没有勇气和她搭话，可她的样子让我念念不忘，于是我连续几周冒着雨雪，每天骑摩托车去那家舞厅，希望她还会再来，然而我从没和她说过一句话。因此，我们很可能会爱上我们对一个人的印象。当我们与激情对象相处更多时间之后，那个印象可能会和此人实际的样子相冲突——有时候，这会导致失望或者幻灭。然而，一段时间内，狂喜的状态可能会掩盖失望之情（导致否认）。如果此时两个人对爱没有足够的了解，他们的关系就很难继续下去。

很多人反对这种观念——伴随着坠入情网的强烈情感被草草归结为一时痴迷。有些人还以纯学术性和无关紧要为由，拒绝承认痴迷与爱之间的区别。但是区分痴迷和爱，实际上对我们的生活至关重要。坠入情网的阶段总会结束。如果我们把这些强烈感觉的消失解读为爱本身的消亡，就可能会质疑伴侣关系的整个基础。当情侣们发现，他们不再像最初那样为彼此疯狂时，往往会心烦意乱。他们并没有认识到坠入情网阶段是短暂的，而通常是选择分手，再去另一段伴侣关系中寻找新的激情，这不过是重蹈覆辙而已。希望永远处于狂喜阶段的情侣们必然会失望。

随之而来的失望之情不仅会让情侣心碎，而且往往给他们身边的人，特别是子女们，造成毁灭性的后果。老话“害相思病的傻瓜”有点道理：当我们的大脑中充满了坠入情网状态的激素时，判断力就会受到损害。对人脑核磁共振成像的研究一直表明，坠入情网所产生的情绪对负责决策的大脑区域影响巨大[1]。当热恋阶段结束后，生活可能会陷入混乱。

我的朋友本大学刚毕业，就在职场中遇到了他的妻子桑德拉。在办公室的走廊上，本几乎立刻就爱上了桑德拉。他基本没和她说过话，可是她的长相以及活泼有趣的风格迷住了他。他对她的迷恋与日俱增，很快，他发现自己整天想着她。在办公室里偶然遇见她时，他的心怦怦直跳，浑身像冻住一样。他急切地想要约她出去，可是在她面前，他总觉得很尴尬，开不了口。

桑德拉采取了主动。她也注意到了本，也被他所吸引。下班后，他们一起去喝酒，结果聊了好几个小时。一切都很好，他们觉得已经认识彼此很久了。他们变得不可分离。约会了三个月之后，他们同居了。又过了八个月，本向桑德拉求婚。婚后第二年，桑德拉怀孕了，一年之后，她又再次怀孕。

起初，一切看起来都很完美，他们从不吵架。然后，随着时光流逝，气氛开始紧张起来。桑德拉不想回到职场，只想留在家里做全职妈妈。本疲于挣到足够的钱来维持家用，他同时做两份

1　泽基：《爱的神经生物学》。

工作，感到越来越累。回家后，他什么也不想做，只想吃饭看电视。在他看来，桑德拉除了陪孩子们玩耍之外，整天什么也不做，而他却在拼命工作。当他想要多和朋友们在一起，而桑德拉不同意他丢下她独自外出时，他心怀怨恨。

本邋里邋遢，又不愿意帮忙做家务，桑德拉对此很生气。在他们刚开始恋爱时，她就注意到本不爱整洁，可是当初她只是觉得这有点儿好笑，还总是跟在他后面收拾干净。渐渐地，当本把东西弄得乱七八糟时，她心生愤恨，感到家务和育儿要把自己压垮了，而本不懂体谅更让她沮丧。

他们对彼此那种无与伦比的吸引力逐渐消失。本为职场上的另一位女士所吸引，而桑德拉则想着她大学里的一个朋友。他们几乎每天吵架，通常只是为了一些琐事。他们变得越来越疏离，婚后第六年，他们协议离婚。

这是怎么了？他们对彼此曾有的强烈情感怎么会消失了呢？刚认识的时候，他们深信不疑他们俩是天生一对。他们都确信，他们所以为的“真爱”会天长地久。

事实上，本和桑德拉从未爱过彼此，至少不是在我所指的爱的意义上。他们坠入情网，可这份感情从未转变成真正成熟的爱情。本和桑德拉尽情享受他们的快乐，但是没有付出爱所需要的持续努力。也就是说，他们都没把对方的幸福安康看得比其他任何事更重要。因迷恋而激增的激素消退后，他们没有努力去培养爱情。最终，现实生活让他们尝到了苦果。

工作和家庭给我们重压。辛苦工作一天之后，筋疲力尽的我们很难保持整洁，帮忙做家务。在焦头烂额地照顾孩子一整天之后，处于崩溃边缘的我们也很难面带微笑地欢迎伴侣回家。面对这种期望，我们的第一反应是沮丧和焦躁。只有当我们把这些冲动收起来，专注于对伴侣和家庭的爱时，我们才能学会在这些压力下感到幸福。

专注于爱给予我们精力和动力，去做那些我们觉得违背眼前利益的事情。想要看到所爱之人幸福的愿望，会鼓舞我们尽一切可能让他们的生活更美好。但是我们必须不断地从其他更自私的欲望中拯救爱，免其蒙尘。这需要我们一直记着真正的头等大事。这是一个巨大的挑战。

对于我们大多数人来说，爱的能力需要学习和练习。桑德拉和本还没有真正开始，就放弃了他们的关系。一旦激情消失，他们就认为爱情已逝。他们从没有给自己机会去体验真爱。在热恋期，他们不仅冲动地步入婚姻，还生儿育女。现在孩子们要由一对分居的父母抚养，这对父母还在为监护权、诉讼费以及其他问题闹得不可开交。

如果理解坠入情网与实际爱情之间的差异，对本和桑德拉来说会有什么不同呢？知道人们坠入情网时通常无法理智思考，本和桑德拉就会在享受热恋时有足够的远见不急于结婚。一旦不再神魂颠倒，他们也许会更清晰地评估状况。那时，他们要么会有意识地进入下一步，发展一段成熟的爱情，要么在做出长期承诺之前分手。在美国，离婚最常见的原因之一是“不切实际的期望”[1]。成熟的爱情观会让本和桑德拉有智慧去知道维持伴侣关系需要什么，认识到他们是否准备充分。

在关于爱的理念上，西方社会不遗余力地误导我们。神奇、偶然、愉悦，这些爱的想象充斥着我们的日常生活。几乎所有的浪漫电影在都讲述这样的故事——在或搞笑或恐怖的剧情转折之后，两个人投入彼此的怀抱，陷入疯狂热恋。故事的结尾千篇一律是求婚，从此幸福永远。

大多数虚构的爱情故事会描述两个人坠入情网，但通常不会描述他们几年之后的生活。刻画令人迷醉的热恋期要比刻画激素

1　A.J.霍金斯和A.塔玛拉：《离婚有多普遍以及原因是什么？》，犹他州离婚情况介绍，犹他州立大学在线课程，www.divorce.usu.edu/lessons/lesson3，访问于2017年6月13日。

水平下降的平淡期容易。然而，当流行的爱情想象聚焦在坠入情网而忽视维系爱情这一可能更重要的任务时，我们往往会得到完全错误的爱情观。

当然，娱乐产业不停地制作这些故事，因为它们特别受欢迎。谁不想用电影里的方法找到爱情呢？和灰姑娘一样，我们希望完美情人奇迹般地出现在自己家门口。同样，我们喜欢人们因为命运女神的微笑而一夜暴富的故事——因为我们会想象同样的事情某天也许会发生在我们身上。通过千辛万苦和自律决心获得成功的故事也许励志，但是一点儿也不激动人心，更谈不上浪漫。在互联网亿万富翁的时代，娱乐产业的爱情概念完美地契合了时代的精神。不幸的是，好莱坞对爱情的看法和它大多数其他作品一样不切实际。尽管任何人都可能在任何时候疯狂热恋，可是要让爱火永不熄灭，还需要努力和奉献。

在世界上的某个地方，我们真的有一个完美伴侣吗？毫无疑问，有些夫妻的相处罕见地和谐。可是人的个性太复杂了，不可能在生活的每个方面都达成一致。在一段关系中，几乎总有改善的空间。尽管如此，很多人依然迷恋这种爱情观——真爱忠贞不移，至死不渝。虽然这种信念没有错，但是坚信它的人可能会因为拒绝接受其他可能性而让自己的生活更加不易。每个人都是独一无二的，我们可能爱上不止一个人的独特之美。

作为一名心脏病专家，我发现，尽管很难承认，但爱更多是关于大脑而不是关于心脏。我们可以在浪漫和爱中尽情享受机遇、魔力和命运。潜意识里，我们也希望相信命运的作用，因为这可以让我们觉得，生活中缺乏爱不是我们的责任。相信我们在爱情中不走运，可能要比承认我们没有全心全意去寻找和培养爱情容易。爱情随时会来袭的观点，也能让我们保留一份希望。“爱以努力和专注为基础，不是魔法变出来的”，这种观点对于那些信奉缘分天注定的人来说，可不是个好消息。

然而，“爱是心理能力而不是魔法力量”这种清醒的看法，即便没让人醍醐灌顶，也给人指出了一条明路。欣然接受我们创造爱的能力，赋予了我们掌控力，意味着我们能够让生命的每个瞬间都充满爱。不必等待爱情魔力的降临，我们每时每刻都可以拥有它。诚然，我们不能制造或者控制坠入情网时的那种强烈欣快感，可它们本来就转瞬即逝。爱情带来的持久满足感要由我们来创造。

不管爱从何而来，体验爱总是美好的。没什么比爱更能触动人类的灵魂。歌德笔下的浮士德博士几十年来研究哲学、医学、神学等知识，结果却发现真正让他兴奋的是爱。陌生的人们相遇，然后产生终生牢不可破的纽带，这本身就是奇迹。爱能释放我们自己从未意识到的决心和力量。知道“爱的确是一门艺术，能够培养和提高”，应该只会让我们更加为爱振奋。

我们不必为热恋期的转瞬即逝而悲伤。相反，知道它的短暂能让我们更加紧密地拥抱它，珍惜每一个瞬间。了解其生理学成因及其瞬息万变的特性，可以让我们有足够的远见，不在这段时间做出糟糕的决定。我们可以有意识地等待三到四年的恋爱期结束之后，再去考虑结婚和生儿育女的事情，以确定彼此的关系能够持续下去的机会更大。

知道在热恋期不能太把自己的想法当回事，也会减轻在此阶段的焦虑感。我们可以付诸一笑，然后尽情享受它的甜蜜，不受它的蛊惑。我们会意识到，只要我们愿意积极主动，进入到可持久、更具回报性的恋爱阶段，坠入情网后的一时迷恋就是一段恋情的动人序章。

通常，在热恋期过后，我们仍然会对伴侣有强烈的情感和喜爱。对关系忠诚的情侣往往会发现，热恋发展为爱情。爱情体验在很大程度上受我们控制这一事实，为我们打开了通往幸福和机遇的大门。我们不必等着爱幸运地降临；一旦我们把爱放在生活的首位，我们就能拥有它。如果我们无需付出很多努力，爱就真的来到我们身边，并且永远不会改变，那该多好。然而，爱也遵循生活中的另一条基本原则——不劳无获。生活中绝大多数有价值的事物都需要靠自己去争取，它们是投入与努力的回报。努力去爱的回报是巨大的。

第二章　我们为什么去爱

具有爱心特征的人更容易建立人际关系和社会联系，这为其自身和后代提供了保障。生活在有爱的人际关系中，有助于健康和生存。

现在让我们进一步深入主题，探索爱的精髓。爱的本质是什么？为什么人类如此专注于爱？是什么让我们爱上某个特定的人？自从有人类以来，人们就在问这些问题。宗教思想家、世俗哲学家、艺术家和科学家从不同方面给出了答案。

早在3000年前，在古伊朗先知查拉图斯特拉的学说中，就对爱及其重要意义进行了思考。很多人认为查拉图斯特拉是第一位哲学家。他教导我们：通过对别人做善事，我们得以与神圣的力量联结，从而更接近造物主[1]。他抓住了后世众多杰出思想家反复强调的爱的主题。

即使是古代关于爱情的思考，也和我所讨论的爱的形式有区别：为肉欲所驱动的人与人的接触，和我们所说的色欲很接近，在印度教和佛教中叫作kama；较弱的关心我们称之为同情，在佛教中叫作Karuna；而无条件的无私的爱最为崇高睿智，在印度教中叫prema，在佛教中叫metta，在其他宗教中也有相应的词汇。

大约在公元前380年，柏拉图创作了著名的《会饮篇》，全

---

1 S.A.卡帕迪亚，主编：《查拉图斯特拉的教诲和帕西宗教的哲学》，约翰·默里出版社，伦敦，1905年。

面讨论了爱的本质，在文中也可以找到类似的区分。柏拉图假借当时的知识分子特有的信仰，讨论爱的不同之处。在讨论中，书中人物保塞尼亚斯描述了两种爱：神圣之爱——与智慧相关的长久投入的深爱；还有一种被欲望和肉体吸引力所驱动的凡俗之爱。2000多年前的思想家们就认识到了爱的复杂性、其本质上的多面性以及短暂的热恋和长久的爱之间的区别。柏拉图明确区分了基于性欲和短暂激情的喜爱和对另一个人深沉持久的关爱（真爱）。

在同一篇文章中，柏拉图的老师苏格拉底将爱描绘为追求神性的力量，声称我们生理和心理上对生殖的需求表现了我们对死亡的恐惧和对永生的渴望。“柏拉图式的爱”这一术语，今天常用来指代无性的爱，但是更确切地说，它是对世界上可望而不可即的理想美的向往，这种美可能在某人或某物上有所体现。在一个人身上认识到这种美好或纯洁，会让我们更加接近神性。在柏拉图的理念里，我们不是爱个体，而是爱那个人的内在美，那种超越了个人存在的美。因此，一个人爱另一个人，实际上爱的是存在于任何人身上的那种美——这是一个非常敏锐而且重要的见解。柏拉图越过对他人无私关爱的态度，试图讨论其潜在的深层次原因。

许多世纪以来，柏拉图的学生们，特别是亚里士多德，扩展了他的爱的理念，这种理念对人们的爱情观影响深远。实际上，古希腊的术语仍被用来描述不同种类的爱，比如在克莱夫·斯特普尔斯·刘易斯1960年的著作《四种爱》中也用到了这些术语[1]。Philia指的是手足之爱，或者说友爱。Storge通常理解为父母与孩子之间或者特殊密友间某种更为紧密的纽带。Eros指的是激情和浪漫的感觉，最接近坠入情网。最后，agape指的是最高形式的爱，超越一切、无条件的爱，特别是上帝对人的爱。古希腊丰富的词汇表明，对于爱的意义的很多困惑，源于在英语中，我们只有一个词来描述各种各样的情感状态和概念。

公元7世纪，伊斯兰教的创立产生了ishq，即神圣之爱的概念。在伊斯兰教苏菲派的传统中，爱是带领人类重获恩宠的命运的根本。

欧洲中世纪时，产生了宫廷爱情的传统，重骑士精神和贵族精神而轻肉欲。这种爱的形式也被认为能把施爱者及其所爱之人升华到一个更高的境界。尽管宫廷爱情这一概念受到宗教的影响，但与同时代的思想家，比如托马斯·阿奎那的观点不同，它

1 C.S.刘易斯：《四种爱》，杰弗里·布莱斯出版社，伦敦，1960年。

是一个世俗的概念。阿奎那仅以基督教教义为基础来建立他的爱情逻辑。鉴于宫廷爱情以骑士精神和男子气概为中心，它同样也忽视了女性在相爱关系中的作用。

17世纪时，巴鲁赫·斯宾诺莎提出这样一个概念——爱与自然的联系胜于爱与传统概念中的上帝的联系[1]。斯宾诺莎认为，上帝不是一个人，而是一个包罗万象的实体，其中也包括自然。在他看来，爱是一种自然现象，人们追求“激情”，是为了与之相连的回报，在这里，回报是快乐。斯宾诺莎的观点是最早认为爱是生理需求的观点之一。在关于爱和上帝的讨论被圣经观点支配的时代，斯宾诺莎对爱和上帝的理性分析受到了主流宗教的广泛批评。

19世纪时，事态发生了明显的转变，人们开始用生物学和科学来解释爱。亚瑟·叔本华是第一位强调爱的生物层面及其对人类存在的重要性的著名思想家[2]。在查尔斯·达尔文阐述他的进化论之前，叔本华已经断言爱是一种强大的生物力量，对人类的

1 W.施密特-比格曼：《巴鲁赫·德·斯宾诺莎，1677年-1977年：他的著作和反响》，门诺·赫兹伯格出版社，巴伦，1977年。

2 亚瑟·叔本华：《作为意志和表象的世界》，猎鹰之翼出版社，印第安希尔斯，科罗拉多州，1958年。

成功和生存至关重要。叔本华用他的“生存意志”模型，把爱视为一种以促进繁殖为宗旨的本能。这些观念把生物学作为一种重要的人类感受爱、表达爱的深层机制。

查尔斯·达尔文最著名的是他的进化论。在这种背景下，他的“适者生存”模式通常被理解为“最强壮有力者生存”。近年来，科学家们更仔细地研究了达尔文后期专门针对人类进化的著作。在其《人类的起源》一书中，达尔文提出，道德和良知是人类进化最重要的因素[1]。他得出结论，同理心和其他社会本能都源于生物学，进而产生了道德的基础。爱和道德通过培育和加强人类之间的纽带，从而更好地保护人类后代，为我们的物种提供了生存优势。达尔文认识到，在其早期著作中，他夸大了人类利己需求的影响，而事实上，在进化过程中，利己本能和利他本能都在起作用。

20世纪见证了爱的各种进化思想的融合，其重点是心理学、幼儿期发展和性，西格蒙德·弗洛伊德及其追随者的理论是其中

1　D.洛耶：《恋爱中的达尔文：剩下的故事》，奥桑托大学出版社，太平洋丛林市，加利福尼亚州，2013年。

的佼佼者[1]。弗洛伊德主要将爱视为性欲的一种表现，这种观点符合“繁殖是爱的根本动力”的模式。之后的数十年间，心理学统治了关于爱的思考，探索着爱和恋爱关系的动机。

在20世纪50年代，艾里希·弗洛姆明确区分了坠入情网和真正的爱（详见第一章）。他将爱视为一种需要努力和专注去有意为之的思维塑造——也就是说，一门艺术。他的理论是，爱是对人类内心恐惧孤独的回应。通过促进人类团结，爱减轻了我们对于分离及死亡认知的焦虑。弗洛姆关于爱的理论建立在心理学理论和宗教信仰的基础上。

在1973年出版的《爱的色彩》一书中，约翰·A.李扩展了古希腊人对爱的分类：eros（激情式的爱），ludus（游戏式的爱），storge（友爱），pragma（务实的爱），mania（独占欲，依赖式的爱），以及agape（无私的爱）[2]。心理学家罗伯特·斯腾伯格提出了“爱情三角理论”，主张爱由亲密、激情和

1 S.弗洛伊德、S.卡茨和J.里维埃：《弗洛伊德：关于战争、性和神经衰弱症》，艺术与科学出版社，纽约，1947年。

2 J.A.李：《爱的颜色：探索爱的方式》，新出版社，多伦多，1973年。

承诺组成[1]。然而，李和斯腾伯格描述的是感情关系的模式和组成部分，而非爱本身。爱可能是人际关系中的一个重要因素，但其他因素也影响着人际纽带中的变量。

几个世纪以来，关于爱的讨论在某些基本观点上达成了一致。我们在许多方面谈到爱：对另一个人的热切渴望，伴随着极度狂喜状态以及想要与此人交往、变得亲密的强烈需求；对肢体亲近和性行为的狂热欲望；对他人的满足感的无私关怀，其程度可能有所不同，低至对邻居和朋友的善意，高至神秘主义或精神上的统一感，也就是说，上帝之爱或神性之爱。随着时间的推移，与宗教理论相比，我们越加重视爱的生物学和心理学方面的解释。

时至今日，我们还能用神经科学和内分泌学的方法来研究关于我们如何感知和体验爱的问题。鉴于人类的大脑和神经系统极为复杂，我们现在才开始理解，我们的情绪、思想和感知与神经系统的完整性、功能性以及协调性有着怎样的直接关联。在现代脑成像技术的帮助下，可以在大脑的特定区域中定位许多思维过

1　罗伯特·J.斯腾伯格：《爱情三角：亲密、激情、承诺》，基本图书公司，纽约，1988年。

程。功能性磁共振成像技术现在可以识别出与不同情绪状态相关的大脑区域[1]。举例来说，我们知道大脑的哪个区域掌管恐惧、焦虑和悲伤，还可以用药物去调节这些反应。

近几十年来，生物医学科学家开始研究那些通常与我们的恋爱关系联系在一起的情感，例如爱慕、激情和依恋。我们知道，很多激素影响着交配和伴侣行为[2]。研究表明，在恋爱关系的早期阶段，比如坠入情网时期，大脑的活跃区域和处于长期伴侣关系时的活跃区域不同。此外，研究还发现，当人们感受到欲望和依恋时，大脑的活跃区域也不相同，这表明上述现象是不同的[3]。

现在人们普遍认为，人类的行为主要由本能或需求激发。当我们感到饥饿时，就有动力去寻找食物。当我们疲倦时，就想要睡觉。这些大脑成像和激素研究支持“性唤起、依恋和爱是截然不同的人类需求”的理论。

1 B.P.阿塞韦多、A.阿伦、H.F.费雪和L.L.布朗：《长期激情恋爱的神经机制》，社会认知与情感神经科期刊，7期，145–159页，2012年。

2 J.K.凯寇尔特、C.班恩、R.格拉泽和W.B.马拉基：《爱情、婚姻和离婚：新婚夫妇的压力激素预示着关系的改变》，咨询与临床心理学杂志，71期，176–188页，2003年。

3 巴特尔斯和泽基：《恋爱的神经基础》。

人类需求经过数百万年的自然选择而进化，对所有的生命起着相同的作用：促进个体和物种的生存。人类性欲的进化优势相当易于理解：它通过让两个人的DNA结合来创造后代，从而直接维系繁衍。对心上人强烈执着的专注，促进了交配，也促进了两个人在后代生命最为脆弱的时期缔结伴侣关系。从进化的角度来看，我们的利己冲动也是合理的，因为它们促进了我们自身的幸福安康，从而能够繁衍子女，保护后代。同理，明显的利己主义，表现为强烈的对社会地位追求和权力欲，现今依然大行其道，因为在过去，它为群体中地位高的个体提供了优势，让其后代可以得到更多的资源和保障。最近关于进化史的研究成果和达尔文的理论一致——社会地位和繁衍成效之间的联系，随着人类的发展和社会化程度的提高而减弱[1]。与此同时，同理心和爱已经成为人类扩张更为强大的动力[2]。

我在此所定义的爱——强烈希望别人幸福安康，并为之不断努力——是否也是一种进化需求呢？一个有力的论据可以证明它

1 C.R.冯·如登和A.V.贾基：《33个非工业社会中男性的地位和繁衍成效：生育、婚姻制度和繁衍策略的影响》，美国国家科学院院刊，113期，39号，10824–10829页，2016年。

2 洛耶：《恋爱中的达尔文》。

的确是。人类大脑成像研究表明，爱与众多大脑活动密切相连，与我们的神经奖励机制紧密交织[1]。爱上某人，会激活大脑中产生引发愉悦感和满足感的激素的区域。爱促进伴侣关系中的承诺，为繁衍提供支持性的结构。我们对子女的爱，是养育他们到生育年龄，传授他们生存所需的知识的关键。毫不奇怪，对子女的爱扎根在我们心中，常常被形容为最简单、最自然发生的爱。

此外，爱还在我们的种群中促生各种关系和团体，这很可能对人类的开枝散叶起到了重要作用[2]。通过形成大型群体，人类能够抵御捕食者和恶劣的环境，找到食物来源，在生病或受伤时互相照顾。在这些群体中，爱有助于和平共处，是人们忍受疾病、战争和其他苦难的慰藉。同时，和平共处能够让不同的族群相互交换知识，促进了手工艺、科学和医学的进步。

归根结底，本能和需求起到了帮助物种生存的作用。有些帮

---

1 H.E.费雪：《爱的需求》，摘录自《新爱情心理学：择偶的神经机制》，R.J.斯腾伯格和K.韦斯主编，87–110页，耶鲁大学出版社，纽黑文市，康涅狄格州，2006年。

2 E.索伯和D.S.威尔逊：《对别人：无私行为的进化和心理学》，哈佛大学出版社，坎布里奇市，马萨诸塞州，1998年。

助个体存活，例如饥渴和攻击性；其他的，例如性欲，则直接帮助人口增长，却无助于个体存活。相反，爱通过直接帮助人口增长和个体存活来维持人类物种的生存。具有爱心特征的人更容易建立人际关系和社会联合，这为其自身和后代提供了保障。生活在有爱的人际关系中，有助于健康和生存[1]。

爱的冲动似乎和其他为进化服务的人类需求对立，例如攻击性、利己主义和争权夺利这些自卫本能。换言之，尽管爱给个体带来了若干好处，但看起来它的主要目的还是在于保存物种。爱的需求比得上，甚至取代了自卫本能。假设一个人的家人被困在了一栋着火的房子里，人人都清楚葬身火海的风险，但就算不是绝大多数，也会有不少人仍然试图进入房子去拯救挚爱的家人。我们都知道一些人为了拯救他人，自己被淹死或冻死的故事。从进化的角度来看，在这些事件中，爱战胜了个体生存的原因显而易见，因为如果两者都有危险，保存种族（以陷于险境的同胞为代表）的需求应该强于个体存活的冲动。当人们冒着生命危险去拯救他人时，我们不会认为他们是傻瓜，而会认为他们是英雄。

1　T.F.罗伯斯、R.B.斯莱彻、J.M.特龙贝洛和M.M.麦吉恩：《婚姻的质量与健康：元分析综述》，心理学公报，140期，140–187页，2014年。

对于自我牺牲的人的直觉式崇拜，可能表明我们大脑中的某些结构天生鼓励这种行为，归根结底，要让物种优先于个体。

从进化生物学的立场来看，我们也许可以得出这样的结论——爱不过是旨在维护人类物种的众多冲动中的一个。研究在亲密关系中与人类有着相似表现的其他灵长类动物得到的结论支持了这一观点[1]。可是，为什么我们感觉爱如此重要呢？为什么任何人最想得到的事物中都有它呢？为什么对爱的渴望甚至超越了对权力的渴望？

答案依旧简单明了：在大脑的奖励中枢中，满足爱的冲动带来的回馈，远比满足其他冲动更持久更愉悦。攻击性的爆发和与之相伴的肾上腺素激增可能会让你暂时觉得自己强大有力，但是当这些稍纵即逝的感觉平息之后，通常我们只会感到空虚，甚至还会悔恨。许多常见的行为，例如进食和性爱，与血液中引发欣快感的激素相关，但其效果也很短暂。我们倾向于反复进行这些行为，以重复获得满足感，但它们永远无法提供持续的满足。相反，让我们的利己冲动占上风可能会引发匮乏感，因为它们会占

1 E.费尔南德斯-杜凯和M.赫克：《直到死亡（或第三者）将我们分离：一夫一妻制灵长类动物的同性竞争》，公共科学图书馆期刊，8期，2013年。

据我们的思想，直到得到满足。特别是在佛教中，欲望被认为是人类苦难和不满的根源。即使是强大的社会地位带来的成就感，也不会给予人持久的满足，因为它通常伴随着对更高地位的渴望，以及对丧失现有地位的恐惧。反过来说，让爱占上风并引导我们的行为，会带来持久的满足和快乐，这些感受与永远幸福相关。

经过自然选择，我们的大脑已经形成了一个系统，奖励某些有助于个体存活的欲望。这通常会引发短期的愉悦和满足。然而，似乎压抑利己本能，响应爱的需求，获得的满足感高于满足其他一切欲望，它不一定会让人狂喜至极，但一定会让人持久地心满意足。再一次，从进化的角度来看，爱既有助于个体存活，又有助于物种生存，这个结果是符合逻辑的。

保全个体的欲望是重要的，但是它的地位不如更重要的对物种生存的需求。因此，我们的大脑给予爱的需求最高的奖励。克制利己欲望（而不是放任它们以获得短暂的快乐）会让人心满意足。

实际上，利己欲望和利他欲望对帮助物种生存来说都至关重要。生命的关键理念是平衡。无视自卫本能的个体很可能会夭折；反之，毫无爱心的个体会有与社会隔离的风险（并且得不到保障）。鉴于大脑中的奖励系统通过满足感来强化我们的行为举止，如果我们把思想和行为都聚焦于爱，而只去满足那些维持生存所需的欲望，那我们就真正地和我们的生物因素相一致了。以爱为工具，来帮助我们实现自己的命运，或者达到恩宠的自然状态，这种哲学和精神观念也就是自然而然的了。

我已经论述了我们为何去爱以及为何爱对于人类很重要。但是为什么我们会爱一些人，不爱其他人呢？弗洛姆提出，只要一个人付出足够的努力去爱，就能爱上任何人。然而，绝大多数人不会同等地爱每一个人。我们爱子女的原因很明显：从他们诞生的那天起，甚至在他们出生之前，子女就和我们有着强健的生物学纽带。这种爱不需要努力，而且非常强大，通常伴随着我们的一生。要理解为什么我们能够爱上一个素未谋面的陌生人就不太容易了。通常，人们会因为肉体吸引力而对一个人产生兴趣，但这只是发展爱的一个契机。

“一见钟情”是个不恰当的表述，因为尽管我们可能会基于一知半解的信息，譬如外表，迷恋上一个刚认识的人（我没用第一章讨论过的“坠入情网”这个短语，以避免和“爱”产生混淆），可实际上我们并不了解那个人。本质上来说，我们是和自己对那个人的印象（通常源自于我们自身的希望和欲望）坠入了情网，深入交往之后，这种印象可能正确，也可能不正确。从另一方面来说，要真正地爱一个人，往往需要我们去了解那个人。许多成功的恋爱关系都发生在人们相处时间久的场合，例如职场、社交俱乐部等等，这一切并非偶然。通过对一个人的了解，我们可以发现那个人真正的美好，发现那些我们想要保护和滋养的珍贵之处。

许多伟大的思想家描述了爱的超越性。柏拉图认为，在真正、理想的意义上爱一个人，会让我们与至高无上的美产生联系。和后世众多思想家（包括弗洛姆）一样，柏拉图相信，在认识到肉体吸引力的肤浅本质，摆脱了以自我为中心的思想束缚之后，一部分人能够达到这种爱的最高境界。在柏拉图看来，理想的施爱者已经通过知识和思考洞悉了人类存在的深层意义，这就让其能够在被爱者身上感知到一种绝对的、永恒的美。对这种永恒之美本质的解读是开放性的。

回到生物学上，爱可能涉及发现一个人身上的善。这种善，或者说美，可以体现为仁慈、体贴和对他人的同情，它反映了人性中的善。这些品质有利于维护物种生存，从进化的观点来看，这意义重大。无意或者有意在一个人身上发现这些品质，也许会触发一种由基因决定的反应——非常喜欢并想要照顾这个人，我们称之为爱。神经科学家认为，对美的感知源自负责处理爱与美的概念的两个大脑区域的接近[1]。发现一个人身上的善，也会影响到我们如何看待此人身上的独有特征，例如性格和外表。纵然真爱本身可能具有普世性，我们爱一个人还是爱他/她的特质。

理想的施爱者从被爱者身上发现美——对此更为宽泛，也更为贴近柏拉图理念的解释是——让人意识到生命本身的奇迹，从而敬畏造物主。在爱的过程中，施爱者感知到被爱者的独特性，由此延伸，感知到所有生命的独特性。我们感知到的独特性和珍贵与美密切相关，理所当然，我们急切地想要保护自己珍视之物。那么，哲学家和精神领袖宣称理想的爱可以延伸至所有生命的原因也显而易见。弗洛姆相信，一个不爱全人类的人，不可能爱任何人。在此前提下，理想的爱和灵性之间的联系也易于理解。如果我们真的把个体身上的美视为所有生命之美的映射，那么我们距离实践宗教理念，例如“爱每个人”这样的准则仅一步之遥。与精神实践和宗教实践一样，实践理想的爱需要自制、奉献和专注，这就是为什么它难得一见的原因。

1 泽基：《爱的神经生物学》。

发现美与感知到稀有性或独特性有关，但为了感知并珍视一个人的独特品质，我们通常需要欣赏那个人的本性。这就解释了我们为什么很容易不喜欢那些泛泛之交，但是相处时间长了之后，我们会逐渐喜欢上他们。当我们对某人的善和独特性的欣赏融合在一起之后，我们发现其身上美的可能性就会提升。

理想的爱取决于施爱者在他人身上发现美的能力。一个人可能会发现某人身上的美和独特性，而另外一个人可能就发现不了。还是那样，当我们深入了解某人后，就更容易发现那个人身上独特的善。这也许就是舐犊之爱如此强烈的原因之一。作为父母，我们一般比其他任何人都更了解自己的孩子，能在他们身上看到旁人看不到的善。值得注意的是，就算我们的孩子有明显的性格缺陷，或者他们做了坏事，我们仍能专注于他们的善。不管杀人犯做下了何等罪行，他们的母亲也许依然爱他们。

反之，如果一个人无法再从某人身上看到丝毫善或美，那么他/她就不再爱那个人了。这也是一个感知问题，或者说，是我们无法发现善的问题。像佛陀和耶稣这样的精神领袖能看到所有人的善，对他们来说，那些善一直存在。宗教也好，世俗也罢，在这些爱的宗师看来，只要一个人存在，就值得被爱。因为他们能看到并珍视每个人的个性和独特性。因此，他们对所有个体的爱都是永恒的，甚至包括那些有很多缺点的人。几乎没有人能做到这种理想形式的爱，因为我们会注意到人的缺点和不完美。因此，我们倾向于只爱少数人——这触及人类根本问题的根源。

鉴于发现一个人身上的善和独特之美取决于我们的洞察力，不同个体对于“谁值得爱”这个问题有着不同的看法。通常，表现出敌意和侵略性的人不讨喜，除非有人能透过这些属性，看到此人的其他优点。因为察觉敌意符合自卫本能的需求，所以要克服这点很难。如耶稣教导的那样去爱我们的敌人，会让我们升华到一个毫无猜疑、毫无斗争的超然境界，可是在当代社会，这种做法很难持续。讽刺的是，在西方社会中，极端无私的人往往会被边缘化，因为他们常常拒绝遵守社会规范，抗拒社会压力。除非我们愿意活得更短（虽然可能会更快乐），或者愿意忍受被边缘化，否则我们不会去爱那些看起来要伤害我们的人。

我们大多数人面临的挑战，是在博爱和识别会利用我们爱心的人之间找到平衡点。理想的情况是我们尽可能地博爱，又能成功地应对自己的生活。当然，对于成功的解释很宽泛，而对有些人来说，成功仅仅意味着不要过早地夭折。在一个追求权力的社会中，有限制地去爱可能对我们的事业有帮助，但它也可能会阻碍我们体验真正、持久的满足。众所周知，花费太多时间追求物质财富会导致幸福感降低[1]。

尽管我们容易认为争权逐利是自私的行为，可是爱也可以被视为自私的行为。那些拒绝相信“无私的爱”的人们喜欢指出，专注于爱也有明显的回报。的确，爱的一系列动机相当有趣。为了提升自己的幸福感而致力于爱的艺术，可以说是谋求私利。然而，只要我们不求互惠，真正地去爱，我们的行为就是无私的。如果我们做不到无私，那就不是真正地去爱。因此，尽管我们施爱最初的动机可能是谋求自身幸福，但是从定义上来说，爱的行为是无私的。这是（正面的）“第二十二条军规”。就算人们最初是为了自己的利益去爱，也只有当以真爱的方式行事时，他们才能受益。讽刺的是，真爱是不计回报的。因此，“心理利己主义”的论点不足以解释或描述理想的爱。

尽管两情相悦的爱情观念盛行，但是爱本身从不要求礼尚往

1　H.E.赫斯菲尔德、C.蒙吉内和U.巴尼亚：《选择时间胜过金钱的人更快乐》，社会心理和人格科学期刊，7期，697-706页，2016年。

来。施爱者爱的是对方身上的善与美，而不是要求或需要对方的爱。礼尚往来在关系中固然重要，但对于作为独立现象而存在的爱来说并非如此。然而，爱的确会造福施爱者和被爱者。

事实上，这些思考仅有语义相关性。当我们施爱时，我们没有选择自私的权利。我们不是为了获得幸福才施爱，恰恰相反，从嫉妒、贪婪和自私中解脱，我们才能得到幸福。我们之所以去爱，是因为我们在一个人身上发现了善与美，并且通过这个人，认识到全人类，以及所有生命的善与美。我们也爱自己，并不是因为我们强大或者聪明，而是因为我们同为这种善与美的一部分。

当谈到我们对动物或者其他生命的喜欢时，我们能说爱吗？在英语中，我们随意地使用“爱”这个词来表达一系列的情感和依恋，但这些和我们对人类的爱一样吗？按照这本书中关于爱的定义——强烈希望某人或某物幸福安康，并为之不断努力——如果我们希望它们快乐健康，并为之付出努力，我们就可以说爱我们的宠物和其他动物。如果一个人只是给狗喂食，就很难让人相信那种喜欢是爱。但是，如果一个人每天花好几个小时陪伴一只狗，不仅仅提供日常照料，还为宠物的最佳发展提供精神和物质上的滋养，这种行为就是很有说服力的爱。和人类关系一样，我们从感受动物的幸福安康中得到快乐。这符合爱的原则——我们在它们身上发现善与美，想要去滋养和保护它们。对任何生命强烈而专注的情感都可以看作是同样的情况。

第三章　作为一门艺术的爱

我们之所以去爱，是因为我们在一个人身上发现了善与美，并且通过这个人，认识到全人类，以及所有生命的善与美。

艺术是用来表达个人感觉和情感的精妙的人类活动。爱能算做一门艺术吗？为了回答这个问题，我们首先要探讨爱的机制。我们是如何产生爱的？

我们可以把爱简单地看成是一种生物学冲动，它在众多需求中独一无二，因为它对人类的生存来说意义重大。内部或外部的刺激会激活类似饥渴这样的需求，比方说，低血糖会引发饥饿感。促使我们进食的需求显然对维持个体机能正常运作至关重要。

一旦我们满足了这些需求，例如，感到饥饿时进食，有性冲动时发生性行为，它们对我们的精神状态就不再起作用。因此，它们的影响大部分是短暂的，并且不受我们控制。实际上，人们普遍认为这些需求带来的满足感稍纵即逝，令人产生匮乏感。甚至那些极大的快感也不能持久。具有挑战性的项目或生意大获成功可能会让我们欣喜若狂一阵子，但是这种感觉最终会逐渐消失。对一个打破了世界纪录的运动员来说，生活在几周后会归于平静。我们总是通过获得成就来得到满足，可那份喜悦和兴奋不会持久。坠入情网后，我们也许会兴高采烈几个月，可甚至连这种情感也会慢慢消失。为了重新体验这些感觉，我们不断地重复会带来愉悦感的行为。即使不是大多数人，也有很多人对多巴胺上瘾，一直在寻求那些能给我们带来短暂快感的活动。

爱则不同。爱——强烈希望某人或某物幸福安康，并为之不断努力——是一种投入的状态，除非我们不再从被爱者身上看到美、善和独特，它就不会停止。与其他愉悦需求的短暂本质相反，和爱相关的情感，包括快乐、满足和喜悦，对我们的精神状态有着持续的影响。不幸的是，我们因为常常让竞争性的需求占主导地位，不能一直享受爱所带来的愉悦感。这就是我们和爱的根本问题：我们容易分心，失去对爱的关注。当这种事情发生时，爱的感觉就会被压抑，直到我们重新关注爱为止。

有几个例子可以说明这个概念。一个9岁的男孩在和弟弟追逐打闹时打碎了一只名贵的花瓶。男孩的父亲顿时怒火冲天，这种愤怒源于占有欲和领地本能。于是父亲想要狠狠地训斥孩子，甚至有揍他的冲动。此刻，他对儿子的爱完全被怒火所抑制。不过如果父亲深呼吸一下，考虑考虑这件事的偶然性和孩童玩耍的喧闹本质，而不是依照愤怒行事，那么他就能察觉出儿子正感到焦虑、悔恨和痛苦。然后，这位父亲就会拥抱儿子，安慰他。两人都会感到爱的温柔和抚慰。

在此情况下，这位父亲必须压抑怒火，让爱占上风。他的愤怒突如其来，几乎是潜意识的条件反射，而只有当父亲意识到他的怒火，并主动有意识地抗拒它之后，爱的需求才能显现出来。这个概念对于理解爱的动力学至关重要。

另一个例子进一步说明了爱的潜在力量。一名已婚女士受到了同事的挑逗。这位女士动了心，想要顺从自己的欲望行事。那一刻，她心里想的全是性。然而，当她意识到自己的冲动时，她会想到屈服于欲望会伤害她所爱的伴侣。实际上，她会背叛她为伴侣的幸福安康而付出的努力。这位女士克制了性冲动，拒绝了同事的挑逗。这样做了之后，她感受到了对伴侣的爱。还是那样，为了让爱起作用，她必须主动拒绝竞争性的冲动。

另一种常见的情况是，当我们饥饿的时候，很难做出爱的举动。此时，不同的基本需求产生的影响相互冲突。很多人在饥饿的时候容易愤怒，甚至会攻击别人，可是当他们吃饱之后，就又变得像平常那样体贴。

认识到爱的机制，就能明白为什么我们常常不是出于爱行事。在任何特定的时刻，利己的需求都可能会与爱的欲望相冲突，并影响它——进食、饮水或者做爱的需求；去上班或者购物，以保证我们物质富足的需求；整理仪表、盛装打扮或者锻炼身体，以保持我们能够作为潜在的交配对象的需求；追求权力、财富和名气，以获得更高社会地位的需求；或是娱乐和取悦自己的需求。这些活动，有些是功能性的，也就是说，我们仅仅出于需要才去做，并不能从中获得很多乐趣；另一些则会立刻回馈给我们一定程度的愉悦感或者满足感。

因为屈从于许多利己的冲动会带来即时的满足感，它们对人类的行为有着强大影响。和所有哺乳动物（也可能是绝大多数其他生物）一样，我们被那些给予我们正强化的活动所吸引。换言之，我们被愉悦感所驱动。我们享受进食，因为它能产生愉悦感。我们渴求性爱，因为它带给我们满足感。我们喝酒、吸毒，因为这些行为能带来欣快感。

即使多一丁点儿多巴胺也非常诱人。研究人员发现，在社交媒体上与他人互动和化学成瘾有相似之处，因为我们渴望收到新消息和“赞”所带来的小惊喜[1]。相反，如果从社交媒体平台上得不到这样的反馈，可能会加强我们想要得到它的欲望。研究还表明，披露关于自己的信息，就像我们常在社交媒体上做的那样，会触发大脑中的奖励中枢，加强这种行为[2]。难怪很多人每

1 M.索特：《社交媒体导致多巴胺上升》，https：//www.ama.org/publications/MarketingNews/Pages/feeding-the-addiction.aspx，访问于2017年5月1日。

2 D.I.塔米尔和J.P.米切尔：《披露关于自我的信息有内在奖励》，美国国家科学院院刊，109期，8038-8043页，2012年。

天花数小时低头看电子设备。

我们对快乐的强烈需求往往会压倒任何有意识的思考。我们知道，饮食过度有害健康，然而很多人依然那么做。我们知道无防护的性行为有染病的风险，然而很多人无视这些影响。另一方面，我们对需要努力的活动踌躇不前，尽管它们也有奖励。我们知道，定期锻炼身体有益健康，还能带来一定程度的欣快感，然而做足够的运动对很多人来说依旧是难事，因为努力和回报的比例似乎不太理想。总之，我们力求以最小的努力换来最大的快乐。

鉴于我们的脑中充斥着相互冲突的动机，而产生短期快乐的活动吸引力强，人们很难一直专注于有爱意的想法和行为。难上加难的是，和早期迷恋中的兴奋相比，专心于长久的爱虽然会给人满足感，但是往往不会带来多巴胺或者肾上腺皮质激素水平升高引发的欣快感。

因此，在拒绝带来短期满足感的冲动时，我们不得不在失去短暂快感和爱带来的宁静的有意义的满足感之间权衡。我们需要有意识地或者在潜意识中将爱的地位置于其他竞争性冲动之上。这样做并不意味着我们不能做其他任何事。我们仍需要去做很多日常生活要求的工作。但是做这些事情的时候，我们的注意力并没有从爱上转移。

本质上，我们可以心怀爱意去想、去做每件事。然而，要每时每刻记住这点无比困难。除非我们从小就被培养去专注于爱，不然就需要大脑的广泛训练。这就是为什么艾里希·弗洛姆认为爱是一门艺术，我也认同他的观点。

为了精通爱的艺术，我们必须一直专注于爱，克制竞争性冲动。和任何要求严格的技能一样，掌握它需要大量的时间、练习和专注。许多人在努力学习它，可只有少数人能够成为专家。

对我们大多数人来说，当头脑中没有其他强烈的需求竞争时，专注于爱是很容易的。每个人都体验过，当激动人心的事情发生时那种想要亲吻全世界的感觉，比如跑完一场马拉松或者是有了孩子。在这些时刻，我们往往感到充满同情心，慷慨大方，因为我们的利己需求得到了满足，不会与爱的需求竞争。

出于同样的原因，如果我们的大脑没有被工作问题、如何支付房租以及其他生存挑战占据时，我们就更容易去爱，因为这些烦恼会触发潜在的不适感，唤醒生存本能。

即使在最好的情况下，始终专注爱也需要极大的自制力和往往长达数年的训练。和所有大脑过程一样，爱的行为可能是有意识的，也可能是无意识的。在学习阶段，我们可能需要有意识地努力才能积极主动去爱。然而，最终它会变成我们的第二本能。我们不再需要去识别和克制利己冲动——它们失去了控制我们的力量，对他人的关心自然地引导着我们。

某些人可以毫不费力地一直去爱。可想而知，这样的人天生不自私，竞争性需求不强烈，所以他们的同情心能占上风。其他人则可能是在童年的时候，父母教会了他们克制自私的思想和行为。因此，这些人可能无意识中就学会了把爱当作头等大事。

一直专注于爱很难，而这就解释了坠入情网的魅力。这种精神状态不仅会带来无与伦比的欣快感，而且轻而易举。什么都不用做，我们就能坠入情网。往往在不经意间，事情就这样发生了。难怪我们将坠入情网视为魔法——没有做任何事情，我们瞬间就变了一个人。

坠入情网是多种因素共同作用的结果，有些因素是天生的，有些则受文化影响，它们受某人身体或情感的吸引而触发。和大多数人类需求一样，不需要我们主动参与，坠入情网的效果就会影响我们。并且，和大多数其他人类需求一样，坠入情网带来的感觉最终会消失——它们会持续到实现了（进化的）目的为止。

与之相反，除非我们放任自流，真正的爱不会消失。虽然坠入情网是一种被动现象，但是真爱往往要求我们主动专注地去爱，主动拒绝竞争性冲动。这解释了我们为何试图将坠入情网等同于真爱，而不愿将其贬低为一时迷恋。如果真爱像电影中表现得那样强大，轻轻松松就降临在我们身上，并且永不消逝，那岂不是美事一件?

爱的确是一种强大迷人的力量，可我们必须要付出代价才能得到它。就像生命中大多数美妙的事物一样，我们必须去争取。方法就是训练我们的大脑去拒绝竞争性冲动。我们的大脑似乎默认设置了对爱的需求。如果我们清除利己冲动，爱就会取而代之。如果你能清除一切杂念，就能找到爱。从这个意义上来说，老话“发自心底的爱”是正确的。

如果艺术是人类特有的活动，那么爱是否也是人类独有的呢？有证据表明，动物之间，特别是灵长类动物之间，存在爱的行为。然而，这些行为似乎是被动的，并且受本能驱使。特定的情况和行动可能会激活动物们爱的冲动，以促进它们交配和社会化。虽然有许多动物表现出明显的利他行为，但是动物是否有意识地积极专注去爱，并在理性思考之后克制竞争性需求，这点值得怀疑。这种能力很可能是人类独有的，是我们大脑皮层的功能高度进化的结果。

可以相信，和爱一样，控制利己冲动的能力大幅度提高了人类物种的繁衍成效。尽管仍然有战争和文化冲突，和平还是70多亿人共同生活在地球上的主旋律。在遇到危机或是发生自然灾害，比如地震时，世界各地都会伸出援手，全人类同呼吸共命运。我们常在新闻中看到有些人犯下了滔天罪行，这掩盖了绝大多数人富有同情心这一事实。我们还没有充分认识到爱对人类历史的影响。

第四章　自爱

自爱并不是满足自私的冲动，它意味着接纳自我。其核心是发现我们身上需要滋养和保护的善与美。

爱是强烈希望某人幸福安康，并为之不断努力，在此定义中，我们通常认为“某人”指的是别人，不过，如果“某人”指的是我们自己呢？自爱是指认识到我们是有爱心的、懂礼貌的、体贴人的个体。不过，自爱听起来很矛盾，因为我们通常把爱和无私联系在一起。

圣托马斯·阿奎那把自爱看作罪恶之源[1]。然而，我们必须区分自私和自爱。自私指的是不考虑其他任何人的需要，只为自己的欲望和利益服务。自私的思想和行为可能确实会妨碍我们施爱的能力，它们往往对人际关系、对社会有害，最终会损害我们自身的幸福安康。克制自私的冲动可以引领我们达到内心满足和喜悦的状态。相比之下，自爱并不是满足自私的冲动，它意味着接纳自我。对我们自己的爱和对他人的爱本质上并没有不同。其核心是发现我们身上需要滋养和保护的善与美。因此，自爱旨在维持我们自身的幸福安康，并认识到自身的独特性和价值。

1　A.C.佩吉斯：《圣托马斯·阿奎那的基本作品》，兰登书屋，纽约市，1945年。

认识自身的独特性和爱自己，对爱他人和维持稳定的人际关系至关重要。如果不爱自己，我们就很难相信别人对我们的爱是出于真心。为了接受别人的爱，我们必须认为自己值得被爱。接纳自我，对自己满意，是我们走向成熟的关键。弗洛姆断言，只有通过了自恋的早期发展阶段，成为一个成熟的人，我们才有能力真正去爱。

难以接纳自我的人容易受到压力的影响。潜意识中认为自己不值得被爱，会导致我们不断地追求对自身价值的肯定和认可。这种行为会造成大脑释放可能与焦虑感有关的应激激素。此外，追求认可对我们的幸福至关重要，它是一种会与爱竞争的冲动。因此，缺乏自尊心的人可能很难集中精力去爱，去维持人际关系。对认可的需求常常支配着他们的思想和行动，于是他们就不太能留意伴侣的需求。

另一方面，为了从伴侣那里得到肯定，有些人可能会矫枉过正，他们的感情令伴侣窒息。此外，缺乏自尊心可能会引发嫉妒心。如果我们认为别人比我们可爱，就会时常担心伴侣为了别人离开我们，那么嫉妒心（很可能是不合理的）就可能对关系产生毁灭性的影响。

自爱需要成熟的自我认知，不要为了满足父母或社会的期望而焦虑。不幸的是，这些期望可能会严重地影响我们的自我意象，进而不利于自我接纳。每个人作为独立的个体，因其独特性而美。每个人的善以爱的能力的形式存在。认识到这些事实让我们能够接纳自己，爱自己。另一方面，如果我们确信人的价值源于以外界标准定义的成功，我们就是在自寻冲突，自找烦恼。

我个人的经历可以说明这一点。我的父亲是一名内科医生和大学教师，从我记事起，他就对我的学习成绩有很高的期望。他反复强调，他以学术成就来判断人的价值。我记得他定期在吃饭时给我做知识测验，如果我回答不正确，他就很藐视我。我的成绩单也得到了相同待遇，如果没有得到最高分和最好的评语，他就不屑一顾。由于我常常得不到最高分，父亲越来越怀疑我的学术潜力。他这样做并无恶意，也许只是用高标准严要求来激励我，但这对我的自我意象产生了负面影响。

潜意识里，我对自己的学术能力变得极不自信。出于证明我的智力的欲望，并以此向父亲证明我作为人的价值，我从事了学术工作。然而，我却常常怀疑自己是否真的适合做学术。

因为学术认可对我的自我价值感至关重要，所以任何考试或者绩效评估都让我倍感压力。我花了很多年才明白，我作为人的价值并不取决于我的学习成绩，而是取决于我的独特性和爱的能力。

对我来说，转折的关键时刻是我考虑向丹尼斯求婚的那阵子，她现在已是我的妻子。我的最佳职业规划需要我搬到国家的另一端，我必须决定，是按照规划发展，还是为了个人原因妥协。对人生目标进行了一番深刻的自我反省后，我意识到，我希望由家庭、由爱来定义我的身份，而不是由我的事业来定义。最重要的是，我想要那种我从未拥有过的家庭。了解到我作为人的价值并不依赖于我的工作后，我不仅减轻了工作相关的压力，还在不背负着父亲或我自己的期望的包袱下，欣然接受了我的职业。虽然我也许是因为错误的原因选择了这个职业，但幸运的是，我发现做学术对我来说还是一个很好的选择。

感到满足父母期望的压力很寻常。父母对孩子的未来寄以厚望可能会严重影响孩子的自我价值感。“认为自己值得被爱”的信念通常应该在幼儿时期灌输给孩子，而这在很大程度上取决于父母的努力。在童年时期，缺乏关注或者不被认可往往会对一个人的自尊心造成毁灭性的打击[1]。母亲轻率地贬低女儿的外貌，可能会在女儿心中埋下一颗自我怀疑的种子，这种自我怀疑需要数年时间才能消除。许多女孩在成长的过程中总感觉自己没有外在吸引力，因此不值得被爱，这种错误认知就是由一个过度强调外表完美的环境所灌输的。当父母不给孩子提供爱和认可时，孩子就容易去其他地方寻求肯定。

同龄人和社会也会对个人施加巨大的压力，迫使其取得一定标准的成功，从而影响他们对自我价值的认知。在我们的社会中，权力、职业发展和物质利益之所以重要，至少有部分原因是我们潜意识中渴望为自己感到骄傲。权力和财富是我们值得被尊重、被重视的标志。

这并不是说，所有追求物质利益的人都有悬而未决的自尊问题。野心和对权力的渴望也是有益于进化的内在冲动。竞争力已经为社会带来了众多的有益成就，例如科学和技术的进步，而且很明显，它营造出了一个激励和支持个人成就的环境。然而，最

1　S.D.兰伯恩、N.S.芒茨、L.斯坦伯格和S.M.多恩布什：《来自权威、专制、放纵和疏忽家庭的青少年的能力和调节模式》，儿童发展期刊，62期，1049–1065页，1991年。

终这取决于社会最看重何种价值。有些人可能会更喜欢一个注重人与人之间和谐关系的社会，而不是注重科技进步的社会。这样的社会也许提供的舒适度和便利性较低，但它可能更贴近人类的内在本性，因此能提供更高的满足感。然而，大多数现代西方社会最看重的还是物质利益和社会地位。

那些缺乏关注和认可的孩子可能会变成渴望向别人，特别是向父母证明自己是人生赢家的成年人。虽然把精力花在事业成功上也许有益于社会，但是它削弱了我们认识并纠正自己潜在的内部失衡的能力。在我们的社会中，影响力高、权力大的人往往表现出不讨喜的性格特征，这可能对他们的人际关系和幸福有害。在对147名美国大学毕业生进行的一项研究中发现，与关注内在成长和人际关系的人相比，追求收入和地位等外在价值的人，个人满足感更低。

爱需要努力和全身心投入。每天花16个小时拓展业务的人几乎没有时间花在配偶、孩子和朋友身上。相反，认识到爱和关注并不依赖于财富或地位的人，会更倾向于投入时间和精力去爱他人，而不是投入时间在个人成就上。

接受“我们是因为自己的个性和爱的能力而值得被爱”这一

观点，可以减少我们寻求肯定的需要，让我们能腾出精力投入去爱。不受自私冲动控制的思想是宁静和满足的。这是哲学家和精神治疗师所追寻的幸福状态。

这并不是说满足自身需要没有意义——它对我们的安康非常重要。如果我们忽视了自身肉体和精神的需要，就无法将爱给予他人。身体是我们作为人的物质基础，我们需要珍惜它为我们提供的各种美妙功能。作为回报，我们有责任竭尽所能地照料我们的身体，注意饮食，充分锻炼，保护它免受外界伤害。如果我们不爱我们的身体，就不会好好地照料它。

拥有平衡的人格的关键是……平衡。对自己的关注太少，我们就很难在社会和生活中生存。过分关注自己也会产生类似的不利影响。

我们如何达到这种平衡呢？每个人的答案都不一样。有些人满足于“多给予少索取”，而另一些人则恰恰相反。幸福的一个关键在于，在提供即时满足感的活动和在对爱的积极追求中达到平衡。专注于短期满足会让我们在兴奋过后感到空虚。然而，通过培养满怀爱意的心灵，我们可以享受爱的乐趣，永不会陷入那种落寞的空虚中。了解自己，知道平衡点在哪里，可以帮助我们向伴侣表达切合实际的期望。认识到自身的优势和不足，就能对自己的能力和行为做出正确的判断。

不幸的是，人们很难意识到自己缺乏自尊心，而改正这点则更为艰难，因为这可能是出于潜意识，而无法通过反思立即得到理解和改进。纠正童年时期产生的对自己的负面看法也许需要多年的努力，不过大多数人都过着忙碌的生活，几乎没时间去做这样的内省。令人惊奇的是，我们几乎不了解自己。

内省和反思，最好是在心理学家或其他受过训练的心理健康专家指导下进行，是找到内在平衡的重要工具。我们越是忽视或者遗忘我们缺乏自尊心的问题，就越难纠正它。就像爱他人一样，学会爱自己也需要努力和全身心投入。但它是生活中最重要的任务之一。关于这个话题，有很多具有说服力的素材[1]。

最重要的一步是意识到我们的精神状态。坦率、自我批判性的反省，可以帮助我们评估自尊心是如何影响我们的人际关系的。好友或家人的观点也会有巨大帮助。但是，在开始爱别人之前，我们必须认识到发展成熟心智的重要性。归根结底，这取决

1　M.E.伯纳德：《自我接纳的力量：理论、实践和研究》，斯普林格出版社，纽约市，2013年。

于我们想要如何定义自己。人们经常会谈论起他们将为这个世界遗留下什么。如果我们想被自己的职业生涯所定义，也许就很难在人际关系中找到持久的幸福。如果我们希望自己的生命被爱所定义，那我们就已经踏上了通往幸福的道路。

第五章　爱与恋爱关系

一段恋爱关系涉及到多种人类需求，通常包括激情、性吸引力、爱，以及依恋。

到目前为止，我一直专注于爱的现象，即强烈希望某人或某物幸福安康，并为之不断努力，而不是专注于某个特定的人。在理想形式下，爱是普照众生的，是发现每个人身上的善与美。然而，在现实生活中，我们往往无法发现人们的这些品质。自卫本能促使我们选择性地去爱，通常把爱局限于亲朋好友的小圈子。此外，一般来说，我们与之恋爱的人更少。我们也许爱朋友和家人，但这种爱往往和对伴侣的爱不一样。恋爱真的和其他形式的爱不同吗？

“爱”这个词常被用作“恋爱关系”的同义词，但爱和恋爱关系是不同的，实际上，区分它们至关重要。即使在分居或者离婚以后，人们有时候仍然会感到爱曾经的伴侣。如果两个人意识到彼此间差异过大，恋爱关系无法得到合适的发展，他们可能会同意分手，但依然彼此相爱。但是，有些伴侣并不相爱，却为了经济、社会地位或宗教原因维持着婚姻或者类似的关系。尽管他们结了婚，生活在同一个屋檐下，却可能过着截然不同的生活，甚至不太关心对方。一些人可能感到彼此相爱，却从没进入恋爱关系。两个人（或更多人）之间的关系有着其自身的复杂性和动态性，认识到这点很重要。恋爱关系中的爱和其他情境中的爱没有本质上的区别，不过浪漫之爱和恋爱关系中的其他方面相关：

激情和性吸引力。

通常，我们认为恋爱关系涉及两个人。然而，西方国家的高出轨率和高离婚率也许会引发这样的问题——浪漫之爱是否必须是一夫一妻制？一夫一妻制是否是伴侣关系的自然形式？关于一夫一妻制的起源有着极为激烈的讨论，但至少在西方社会，它的盛行受到了犹太教和基督教的宗教传统的强烈影响。有证据表明，早在两万年前，一夫一妻制就是人类家庭结构的常见模式。[1] 然而，不少社会学家和进化论理论学家主张，在人类历史上，它从来不是伴侣关系的主导形式。现在，一夫多妻制在非洲以及亚洲的部分地区依然存在。[2] 在一夫一妻制的社会中，许多人实行的是连贯式一夫一妻制，即先后与不同人结婚，但始终保持一夫一妻制的生活方式。只要这些人的确致力于所有伴侣的幸福安康，一夫一妻制和一夫多妻制都可以是有爱的关系。

非恋爱关系主要靠爱和依恋维持。恋爱关系也涉及爱和依恋

---

1 R.L.雷诺、R.S.门德尔、M.A.麦卡伦姆和C.O.拉夫乔伊：《南方古猿阿法种的两性异形和现代人类相似》，美国国家科学院院刊，100期，9404-9409页，2003年。

2 M.K.蔡特岑：《一夫多妻制：跨文化分析》，柏格出版社，纽约市，2008年。

（往往还有比非恋爱关系更为牢固的承诺），不过此外，它通常还包括激情和性吸引力。这些组成部分代表了不同的人类需求，在一段关系的不同时期，它们的活跃程度可能大不相同。

在此情况下，激情指的是坠入情网阶段的强烈情感，通常仅限于一段恋爱关系刚开始时的数月或数年。这一阶段的特征是，具有由特定血液激素水平的高涨所引发的高度兴奋和迷恋。在一段恋爱关系中，性吸引力往往也很早就显现出来。虽然它可能会随着时间的推移有所增长，但最终还是会呈下降趋势。激情或性吸引力的衰退可能会引发伴侣间的冲突，特别是如果他们没有预料到这些改变的话。

另一方面，爱与依恋往往在恋爱关系后期才产生，并会随着时间的推移而增长。依恋是一种伴随着爱、性吸引力或攻击性的冲动。对于依恋的需求，正如对爱的需求一样，其作用是在个体间建立纽带，维持个体和物种的生存。依恋不需要有意参与，它是一种被动的感觉，由与一个人或一群人的共同经历和日常惯例所带来的舒适感所触发。依恋可以培养人与人之间的牢固纽带，包括想要定期联系的愿望。

当我们和熟悉的人、宠物以及物品分离时，都曾体验过思念的感觉。相处的时间越长，正面的记忆越深刻，依恋感就越强烈。依恋和爱之间有一个重要的区别：对于并不是特别喜欢的人或者环境，我们也可能产生依恋感。在职场上，也许有这样一个员工，他脾气暴躁，工龄长，下班后没有社交生活，也没什么人喜欢他。然而，在他退休后，许多同事可能会说，他们怀念他暴躁的样子。熟悉让我们感到舒适，反之，生活中少掉一些熟悉的元素会让我们感到不安。

不再相爱之后，依恋感往往是伴侣们依旧保持恋爱关系的原因。他们仍然分享着熟悉所带来的舒适感，在相处了数年之后，有着美好回忆的情况下，这种感觉可能相当强烈。情侣们常常发现很难舍弃这种舒适感，甚至会错将依恋当成爱，这就又可能导致他们在没有真爱的情况下继续这段关系。

一段恋爱关系涉及多种人类需求，通常包括激情、性吸引力、爱，以及依恋。总而言之，这些感觉的强度随着时间而变化。在恋爱关系的前几年，激情和性吸引力往往走高，随后衰减。从另一方面来说，爱和依恋随着时间的推移加深，有助于维持一段长久的关系。图1描述了基于纵向研究的，关系中的主要需求随时间变化的趋势。（变化的规模和程度只为了阐述概念，并不基于具体数据。）

在不同的关系和不同的人之间，这些需求的动态变化相当大。某些恋爱关系最初可能建立在友谊之上，然后产生了激情和性吸引力。一些关系也许涉及很少的激情，但后来产生了强烈的爱和依恋。还有一些关系可能基于在爱和依恋产生之前的性吸引力。

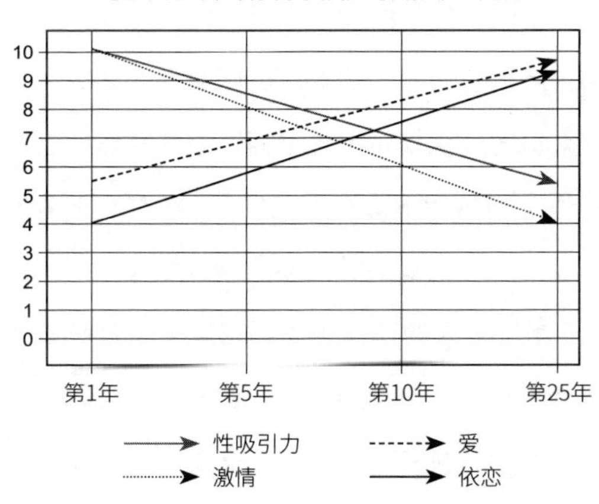

一段恋爱关系中的情感的意义可能相当让人困惑。误将激情当作真爱是恋爱关系中最常见的错误认知。交往两到三年之后，情侣们不再强烈地渴望彼此，他们往往会感到失望。实际上，很多人相信他们的爱已经结束了，于是在那段时间分手。他们常常会在一段新的关系中寻找刺激，结果却发现新的刺激也不长久。

性吸引力也会和其他感觉产生混淆。性吸引力或者性感指的是伴侣之间发生性行为的欲望。性吸引力并不等同于身体吸引力，后者也许涉及对一个人外表的审美欣赏，却不产生性欲。与之相反，即使我们不觉得某些人外表特别出色，却仍会觉得他们很性感。

在一段关系刚开始的时候，性吸引力往往非常强烈，但是随着时间推移会减弱。在一项针对不同国家九万多对夫妻进行的调查中，研究人员发现，与新婚夫妻相比，长婚龄（已婚30年及以上）夫妻的性生活频率下降了近50%。[1] 在对三千多名美国成年人的调查中发现，伴侣对婚后性爱的满意度与婚姻的存续时间成反比。[2] 同样，每个人的体验也大相径庭——有些夫妻在结婚数十年后，依然能享受高质量的性爱。但是，夫妻间性吸引力的减弱是双方对关系不满的主要原因，可能会导致出轨和分手。

另一个复杂之处在于，伴侣们可能会经历不同程度的情感变化。比如说，伴侣中的一方也许仍然对另一方性致高昂，而另一方却对其性致不再。由于这些潜在的冲突和不断变化的动态因

---

1 布鲁伊斯和迈耶：《生命历程中的婚内性行为》。

2 C.刘：《婚内性爱的质量是否随着持续时间而下降？》，性行为档案，32期，55-60页，2003年。

素，维持一段长达数年的幸福恋爱关系极其困难。

关系中至关重要的组件——黏合剂——是爱。激情、性吸引力和依恋很大程度上是被动需求，其产生不需要我们过多的参与，而爱需要我们的主动参与。在一段理想的关系中，每一方都要为对方的幸福安康持续地付出努力。爱本身是无私的，如果双方都精通爱的艺术，激情和性吸引力的消退就不会削弱他们的关系。事实上，爱可能会对这些需求产生积极影响。

不幸的是，精通爱的艺术的人很少，很多人都受到竞争性需求的强烈影响，其中大部分需求是自私的。人们常把人际关系看成交易市场，期望等价交换，期望投资得到相应回报：“如果我为你做了这样那样，我就该得到这样那样的回报。”分歧的另一个常见原因，是伴侣们对自己在关系中的贡献该得到的回报期望值不同。

爱本身不要求爱作为回报。而一般来说，人际关系需要爱的回报。如果我们一直付出爱，却得不到任何爱的反馈，这段关系就要遭殃了。如果我们觉得伴侣不爱我们，那么我们维持伴侣关系的愿望和能力也许会和我们对自身幸福的天然渴望发生冲突。

在理想的世界里，我们能够只专注于对他人的爱。但是人类有需求，需求对我们的生理和心理健康至关重要。如果我们全然无私，几天之内，我们就会死于脱水，因为我们不会去满足喝水的需求。对他人的爱必须和我们对自身幸福安康的需求相平衡。

这里的关键词是平衡。关于该对自己和他人各投入多少精力，每个人有不同的看法。在人际关系中，这些看法可能会有冲突。举个例子，配偶中的一方可能觉得，下班后每晚看电视是其快乐所在，但与此同时，这就给照顾孩子的另一方带来了负担。对伴侣的真爱会要求配偶慎重地考虑这个“需要”。另一半不也需要休息吗？真正的爱人不仅会确保心上人得到休息，还会将之当作提升伴侣幸福感的一种方式，乐意去分担家务。与此同时，心怀爱意的伴侣也会确保配偶能看一会儿电视。两个真正相爱的伴侣之间不会有冲突，因为两个人一齐不断地为提升对方的幸福而努力。

更常见的情况是，和满足自己的需求与欲望相比，对伴侣幸福的关注是次要的。这通常是因为伴侣们根本不知道如何维持一段幸福的关系，或是满足于现状，不求改进。我们终生在学习如何建立并维持人际关系。在成长中，我们观察父母之间的伴侣关系（或是缺乏），在校内外结交朋友，开始约会。在这些互动中，一些人学到了（另一些人则没有）幸福的伴侣关系需要在给予和索取之间取得平衡。如果一方只索取而另一方只给予，这段关系很可能会失败或者变得不健康，甚至会变成虐待的情况。

恋爱关系比其他关系更加激烈，充满了期待和额外的变量（比如激情和性）。然而，人际关系的关键原则也适用于恋爱，甚至在恋爱中更为重要。

有人认为，当人们恋爱时，恋爱关系中的所有事情都会不同，会变得更加简单。在一段关系刚开始时，这往往是真的，那时我们受到产生欣快感的激素的影响。如果我们保持对爱的专注，以后这种情况也可能成真。问题在于我们经常转移注意力，认为诸如看电视那样的琐事更加重要。

幸福的伴侣总是密切地关注对方的满足感。这并不意味着不和伴侣一起，我们就不能享乐。满怀爱意的伴侣会鼓励我们去发展自己的兴趣爱好。还是那句话，关键在于平衡。对所有夫妇来说，平衡点不一样，也并不总是那么明显。尽管相爱的伴侣们不计较各自为对方付出了多少，但一段关系中，如果总是其中一方的妥协多于另一方，这段关系就是不平衡的。

满怀爱意的人会最小化其自身的需要，高兴地为所爱之人的幸福安康而努力。然而，接受爱对我们的心理健康来说也至关重要。通常，我们抱着得到关爱、慰藉、支持以及更多东西的期待步入一段关系。知道有人发现了我们的独特性和善良，会肯定我们的自我价值感。爱是力量、信任及平和的源泉。当我们觉得被爱时，我们会感到自由和安心。我们享受相聚的感觉，知道有人会照顾我们，我们可以放下防备，做真实的自己，不用怕受到伤害。我们不必证明任何事情——爱我们的人已经发现了我们身上的善。

维持一段恋爱关系多年，需要处理竞争性利益，调和潜在的个性、期望值以及投入度上的不同。在恋爱关系中，我们不断地会有与爱的意愿相反、或至少是相竞争的冲动。每天我们都要面对来自工作、经济、健康情况、个人志向、家庭矛盾以及其他社会交往和义务的压力。有时候，我们会觉得这些事情比爱的目标更为重要。

绝大多数人必须辛勤工作来维持生计、经营家庭。我们常常把闲暇时间花在看电视、阅读、打电子游戏或者社交媒体上，这些活动无利于我们的个人成长，也无助于培养我们和伴侣的关系这件最重要的事。保持对伴侣强烈的爱意需要积极努力，将爱置于其他竞争性事物之上。

每一天，我们都要面临多次选择，从中找出对我们最重要的事情。专注于人际关系，即使在最繁忙的时期，也会给爱的举动和行为留下许多空间。在众多竞争性利益的重压之下，保持对爱的关注变得尤为困难。在最极端的情况下，病魔和疼痛也许会削弱一个人专注于爱和其他事情的能力，因为自卫本能的冲动可能会占主导地位。然而，这些情况往往给予我们一个机会，让我们重新聚焦于生活中最重要的事情，人们发现他们会再次将爱置于其他事物之上。经济困难，就如疾病一样，会迫使我们专注于自卫本能。因此，在社会经济地位较低的情侣中间，恋爱关系更易破裂，这种现象并不奇怪[1]。

当问到有着长期成功恋爱关系的情侣们的秘诀时，他们往往给出类似“尊重彼此”“关爱伴侣”以及“携手共进”之类的答案。这些都是表达爱的话语，即强烈希望某人幸福安康，并为之不断努力。

不管有意还是无意，有着长期成功关系的伴侣们都会找到方法，在生活中一直支持彼此的乐趣。我的岳父去世时，岳父母结婚已经52年了。我的妻子丹尼斯曾经问过她的父亲，幸福婚姻的

1 R.D.康格、K.J.康格和M.J.马丁：《社会经济地位、家庭过程和个人发展》，婚姻与家庭杂志，72期，685-704页，2010年。

秘诀是什么。我岳父说："非常简单。世界上没有任何事情重要到值得让我惹你妈妈生气。如果你找到有同样观点的人，那么你的婚姻就不会有任何困难。"

这段简单而深刻的话，表达了爱的艺术的关键元素——将某个人的幸福置于你可能会有的其他冲动之上。它既承认了在生活中，有其他对我们重要和有利的事情，但又断言爱的地位必须凌驾于这些事情之上。

这段话另一个至关重要的方面是它的普适性——它适用于所有情况。没有任何事值得触怒我们的伴侣。当我们温和的时候，很容易体谅别人，但是当我们烦躁或是有压力的时候，就很难会体谅别人。在职场上度过艰难的一天回到家，又看到孩子们把客厅弄得一团糟，有些人就可能会因此对家人大发雷霆。我们的伴侣也会做出惹怒我们的事情。无论有什么困难，我们都有力量去抗拒那些消极的冲动。这是我们的选择。如果伴侣的幸福最重要，我们就会抗拒发火的冲动，因为我们保持了对爱的专注。如果两个人都持有相同的态度，他们的关系就会幸福快乐。

这其中存在着人际关系里的一大问题——需要两人共同努力！尽管我们每个人都有控制自己行为的力量和爱他人的能力，可是我们无法控制别人的爱和行为。我们无法控制人际关系。不幸的是，我们可能会迅速地指出伴侣的不足之处，却对自己的缺陷视而不见。当发生问题时，自我反省总是个良好的开端。如果我们确信自己已经竭尽所能地去爱，而我们的伴侣却没有这样做，就需要和对方讨论这个问题。也许我们表达爱的方法在自己看来显而易见，可是伴侣却无法理解，反之亦然。询问伴侣是否幸福，不仅对良好的沟通至关重要，还能直接表达我们的爱意。

然而，在有些情况下，尽管我们千般努力，万般耐心，伴侣仍然不能或者不愿回报我们的爱。如果情况确实如此，我们最好接受现实，重新开始。并非所有的关系都能维持。如果我们的伴侣并非真心投入经营这段关系，那么就算我们全身心地投入努力也不够。

注定长久的恋爱关系通常需要弗洛姆称之为的成熟的人格，这种人格已经度过了自恋的发展阶段。总而言之，年轻时我们更多受到利己冲动的影响，而随着时间的推移，我们会形成一种更为利他的观点。从进化角度来看，这合情合理——年轻时个体的首要任务是照顾自己。然而悲哀的是，很多人心理成熟很晚，甚至根本不成熟，这就是恋爱关系经常失败的原因之一。

有成熟的人格才会有合理的期待。期待坠入情网时的狂喜感觉能持续超过两到四年是不切实际的。如果这种期待仍占上风，那么当这些感觉消退时，随之而来的失望和误解可能会导致一对不成熟的情侣分手。如果伴侣中有一方是利己主义者，那么这段关系就走不下去。双方都必须考虑到对方的最佳利益，必须关心、尊重、滋养对方。因此，对一段新关系来说，最关键的问题在于双方是否足够成熟，能够理解关系中的变量，特别是要理解为了提高伴侣的幸福感而持续努力的重要性。

不幸的是，我们选择伴侣常会受到其他标准的影响，例如外表和地位。受到这些特征的影响，我们也许会忽略明显的危险信号，或是乐观地认为它们只是以前的问题。坠入情网带来的强烈情绪特别容易扭曲我们对伴侣的看法——这种“爱”确实是盲目的。

此外，有些人选择伴侣有基于自身的未解决的心理问题的倾向，比如低自尊和童年矛盾[1]。受到性侵的儿童往往会难以处理成人关系，因为他们有为了应对侵犯者所形成的机制，例如服从性，在问题未得到解决前，这种机制会一直运作下去。所以，受

1　D.M.露勒-路易和R.J.麦克马洪：《有问题的行为与恋爱关系：选型交配、行为感染和中止》，临床儿童与家庭心理学评论，10期，53-100页，2007年。

到性侵的儿童成年后可能会寻找专横的伴侣，而这一选择会带来再次受到虐待的风险。童年时受到的较轻创伤也会影响到我们信任他人的能力，进而影响我们进入健康的人际关系。有控制欲的父亲或母亲会导致一个人选择类似的伴侣，以延续这种不健康的关系模式。为了在选择伴侣时避免重复犯错，我们必须达到一定的心理发育水平，能识别并解决这些潜在的问题。如果我们思维开阔，积极进行自我改善，那么就可能在一段关系中培养出这样的洞察力。不幸的是，情况并非总是如此。

有句老话叫做“异性相吸”。心理学家确实发现，我们倾向于选择与自己性格互补的伴侣。害羞、内向的人通常会和性格外向、社交能力强的人配对。另一方面，一项研究表明，如果伴侣太过相似，他们的关系就不太可能长久[1]。当然，这些也只是一般性结论——许多幸福的长期伴侣可能会觉得两个人非常相像。

大多数人都不想依靠运气来获得成功的伴侣关系，而是希望能在结婚或步入忠诚关系前，从对方身上发现某些特征，证明其会是一个合格的伴侣。我们应该在伴侣身上寻找什么样的特征

1 D.M.弗罗斯特和C.福雷斯特：《恋爱中亲密关系的差异：对关系的幸福、稳定和精神健康的影响》，人格与社会心理学公报，39期，456–469页，2013年。

呢？积极的信号包括体贴他人、对个人的生活有认知和信心、能批判性地反思个人品质、曾有过有意义的恋爱关系和其他人际关系。总体来说，就是真诚善良、敏感体贴、尊重包容的人。

了解这些品质是否经得起考验也很重要。我们需要认识一个人一段时间来观察其在顺境和逆境中的反应。据说，如果你想要了解某人，就该和其一起旅行。在一个陌生的环境里共度几天可能会暴露出一个人的真实面目。然而，时间有着无法替代的作用。约会数周或数月后就匆忙步入婚姻，我们往往无法体验到一个人性格的方方面面，这就可能导致之后种种意想不到的不愉快。在对一段关系作出承诺之前，对一个人知根知底相当重要。

我们的潜在伴侣可能会对我们做同样的审视。如果我们表现出体贴、敏感的特质，就可能会增加找到合适伴侣的机会。大多数人不会喜欢吹嘘自己的成就、财富和地位的人。相反，表现得谦逊以及对他人真正有兴趣的人具有吸引力。

人们往往会过于强调外表。虽然外表吸引常常是恋爱关系的重要组成部分，但是对一个人善的感知会在很大程度上影响人对其外表的看法。一个按照传统标准看来很漂亮的人，如果感情冷漠，人们也许会觉得其毫无吸引力。相反，人们往往认为善良而温暖的人比其单纯从外表来看更具吸引力。

过分强调外表吸引力可以被解读为不够成熟，缺乏自信。有志于忠诚的伴侣关系的人也许会有这样的顾虑——过于热衷外在美的人可能无法意识到内在美的重要性。

如果我们对自己有现实的认知，就会知道自己的长处和短处。最重要的是，我们能认识到自己的独特性，也能认识到每个人的独特性，这一认知会让我们怀抱着尊重、谦逊以及爱去对待自己和他人。因此，我们会对自己是谁，想要什么充满信心。我们不必通过伪装来获得某人的好感。出于同样的原因，如果某人选择了别人做伴侣而没有选择我们，这一认知能让我们不会感到被拒绝。自信让我们能够从容地接受别人的选择，而不影响我们对自身价值的看法。

人们有许多不同的方式来交流和解读爱的表现，理解这点是维持幸福关系的关键。加里·查普曼引入了“爱的五种语言”的概念，他将五种常见的爱的表达方式归类为：肯定的话语、共度美好时光、赠送礼物、提供服务以及身体接触[1]。他强调，伴侣

1　加里·D.查普曼：《爱的五种语言：如何向你的伴侣表达衷心的承诺》，诺斯菲尔德出版社，芝加哥市，1995年。

可能会误解对方的行为和意图，因为他们表达爱的方式不同。举一个最常见、现在几乎是陈词滥调的例子：丈夫为了能给妻子买礼物而辛勤工作，他认为礼物能代表妻子在他心目中的重要性，然而妻子却很失望，因为对她来说，表达爱意味着共度时光，可是他工作太忙，没时间和她在一起。爱的五种语言这一概念中的主要原则是了解我们的伴侣，通过努力思考来发现什么能让他们快乐。只有密切关注伴侣的行为和愿望，我们才能理解他们，对他们的个性作出公正的评判。

在某些情况下，如果没有明确的沟通，我们很难、甚至不可能知道伴侣到底想要什么。集中、专注、努力以及沟通是让伴侣快乐的基本原则。

爱会激励我们去做一些原本可能不想做，但却愿意为爱人做的事情。几乎没有人真正喜欢打扫卫生、跑腿、洗碗、倒垃圾，但如果我们认为这些工作能减轻伴侣的负担，就能从中获得满足感。如果看歌剧或看足球比赛对伴侣来说特别有趣，即使我们真的不喜欢这项娱乐，我们也会一起去。对方的幸福就是对我们巨大的回报。

花时间为伴侣做些特别的事，可能意味着你花在工作、运动、朋友或娱乐上的时间少了。爱取代了追求自我利益的冲动。

然而，有时我们会被工作和日常琐事所困扰，对伴侣习以为常，认为伴侣为我们所做的事情理所当然。我们需要努力提醒自己，如果想要幸福的关系，就需要关心伴侣，对其忠诚。

这些对于专注、努力和自我牺牲的探讨也许听起来不太浪漫。那么天生一对的奇迹又是怎么回事？难道没有天造地设的一对吗？的确存在完美组合，甚至是超级完美组合。如果两个人有相似的兴趣和看法，相似或者协调的生活方式，并且对性、子女、财务等观点一致，那么他们就更容易保持对彼此的热情。

也有一些情侣恰好有一种强烈的、几乎带有强迫性的互惠感情。我们大多数人都知道类似的故事：尽管时局艰难，分离了若干年甚至数十年，相爱的人战胜一切困难找到对方。可这是异常坚韧的爱的表现，还是幻想变成偏执的结果？尽管我们倾向于相信他们是天生一对，但这些故事反映的也许是一种过分的痴迷，可能是因为外表吸引，以及两人之间完美的契合度引起的。无论如何，和其他所有恋爱关系一样，关注和努力的基本原则同样也适用于这些关系。

这种对爱情和关系的冷静分析并不否定它们浪漫的一面。致力于爱的人永远会迷醉于爱的恩惠和美好。与某人分享这种爱是伴侣关系的极致。

童话般的爱情确实存在。许多情侣不仅在一起生活了几十年，并且真正地分享彼此的生活，享受彼此的陪伴，共同庆祝生命的恩赐。他们的“秘诀”很简单：永远把爱看得比其他事情重要。

第六章　爱与性

性可能会带来狂喜感和短期的满足感，所以人们也许会认为与之相连的关系是有意义的，然而这种关系通常不会发展为成熟的爱。

爱和性有何关联？两者都是恋爱关系的常见组成部分，但它们的动态变化却截然不同。从个体的角度来看，爱和性欲甚至可能是相互竞争的冲动。然而，这两者都有着相同的进化目的，即把DNA从一代传给下一代。性欲的作用是帮助我们把遗传信息传递给后代，而爱的目的则是保护个体（及其DNA），帮助他们自身的繁衍。

爱和性欲可以独立存在。许多蕴含深爱的关系中并没有性元素。这些通常被称作柏拉图式的关系，它们可能会异常牢固。性关系也可以独立于爱而存在。我们都知道纯粹肉体关系的例子。在某些情况下，双方其实并不相互喜欢，但仍然可以共同享受性爱。

爱偶尔会对性欲产生负面影响，反之亦然。弗洛伊德认识到，性可能会触发攻击性的冲动，而这种冲动与对伴侣的爱意相冲突[1]。爱需要保护和维系。攻击性，虽然不一定是故意伤害，但它包含了与爱相反的情感，比如权力和支配。有些人的确和不爱的人性交感觉更好，因为他们不怕自己的言语和行为给对方造成伤害。另一方面，相爱的双方之间的性可能会更加性感，更有

1　弗洛伊德、卡茨和里维埃：《弗洛伊德：关于战争、性和神经衰弱症》。

价值，正如“做爱”这个词语所表达的那样。

男人和女人可能会在伴侣身上寻找不同的特质，这取决于他们寻找的是爱还是性。诸如攻击性或者滥交之类的特点可能会吸引那些寻找性刺激的人，但追求长期伴侣关系的人往往不欣赏这些特点。不过，一段原本基于性的无爱关系有时候可能会进化成一段充满爱的关系。毕竟，性关系也是两个人花相当多的时间在一起，共享亲密。最终，他们可能会相互了解，建立伴侣关系。

然而，性和爱是截然不同的冲动，不可混淆。因为性可能会带来狂喜感和短期的满足感，所以人们也许会认为与之相连的关系是有意义的，然而这种关系通常不会发展为成熟的爱。不管怎样，很多人仍反复在性关系中寻求刺激和满足。弗洛姆认为，这种“纵欲”的纽带如果过多的话，就可能是发育迟缓，或者是情感链接的替代品。

尽管如此，在线上约会网站和智能手机应用程序的推动下，消遣性质的性爱已经成为一种流行的休闲活动。性欲，或者说性冲动，是一种强大的人类需求，人们沉溺于性，就和他们沉溺于其他冲动一样，比如大吃大喝或者服用兴奋剂。这些冲动中的共同点在于，它们提供的满足感都是短暂的。一些文化和宗教，例如印度教，认为追求即时满足是一个短暂的发展阶段。最终，大多数人都会认识到自我实现感的短暂性，转而寻求更有意义、更持久的满足感。

倘若成年伴侣间达成共识，参与其中的人只期待性满足，那么频繁的性行为就不存在道德问题。鉴于人类对性的强烈需求，以及性关系带来的不可否认的刺激，人类对性欲的反应是生活的一个重要方面。

由于性欲的功能之一是促进繁衍，而如果我们与多个个体交配，传递DNA的几率就会增加，所以我们通常不会只对单一个体产生性欲，具有特定的外在特征或行为，比如某些体型或者姿态诱人的个体都能引发我们的性欲。这些特点在很大程度上是由基因决定的，但也会受风俗习惯和行为模式的影响[1]。我们也许会对素不相识的人产生更加强烈的性欲，这也是进化优势之一，因为它会促进我们的DNA与多个伴侣的DNA融合，创造新生命，而不是重复与同一个伴侣繁衍后代。同样道理，较年轻的成年人可能会有更强烈的吸引力，因为他们的生育能力通常

1　H.E.费雪、A.阿伦和L.L.布朗：《恋爱：哺乳动物大脑系统的配偶选择》，英国皇家学会哲学会刊生物科学版，361期，2173–2186页，2006年。

会更强。

人类在灵长类动物中与众不同，他们比其他大多数物种交配次数更多，并且在整个生殖周期中都会交配。如此高的性欲可能有助于人类的繁衍成效，但也会给一夫一妻制的关系带来问题。尽管很多长期伴侣有着满意的性生活，但人们步入一段稳定的关系后，与多个个体发生性关系的需求并不会因此而减弱——随着与伴侣做爱的新鲜感和兴奋感消退，这种需求甚至可能会增强[1]。对一些人来说，新奇的诱惑可能会随着时间的推移而加强，造成与伴侣的冲突。同理，随着伴侣年龄增长，年轻的“竞争者”会变得更具吸引力。因此，长期关系中的许多伴侣都有忠诚方面的问题，这并不让人吃惊。

鉴于在人类社会中出轨是可耻的，关于伴侣的终生出轨比率我们很难获得可靠的数据，但是大多数人估计，有10%~40%的关系中存在着出轨现象。在恋爱初期，兴奋和激情很容易让你把性欲集中在伴侣身上。随着时间的推移，这种激情可能会消退——不要将此视为爱情已死的证据，这是一种自然现象。如果这种情况发生，伴侣间坦诚的交流也许能改善一夫一妻制关系

1　布鲁伊斯和迈耶：《生命历程中的婚内性行为》。

中的性生活。

从进化的立场来看，在性方面严格地遵守一夫一妻制也许不是扩大种群的最佳途径。很明显，个体拥有多个可繁殖的关系，扩大种群的效率会更高。在哺乳动物中，性方面一夫一妻制相对少见[1]。相比之下，社会化一夫一妻制——即一对夫妇共同照顾他们的后代——似乎对种群有利。因此，虽然爱和性有时会产生冲突，但它们在保障物种生存方面都发挥了重要作用。

从一种抽象的、理想化的爱的角度来说，如果能让伴侣幸福，我们似乎应该允许自己的伴侣和其他人发生性行为。纵观人类历史，基于“自由性爱”观点的社会运动早已兴起，但这些观点大概是在20世纪60年代的性爱革命中才变得大受欢迎。尽管自由性爱适用于某些人，但是许多人（如果不是大多数的话）很难同意伴侣与他人做爱，因为这与我们的领地本能和自我价值感强烈冲突。为了解决这一冲突，避免在典型的现代恋爱关系中伤害对方的感情，伴侣必须优先选择一夫一妻制，而不是伴侣关系之外的性爱。为了一段充满爱的关系，必须克制压抑对其他个体的性欲。

1　V.莫雷尔：《新看一夫一妻制》，科学，281期，1982–1983页，1998年。

从实用主义的角度来看，屈服于对他人的性欲缺乏远见，这往往会伤害伴侣关系以及所有相关人士的幸福。换言之，与伴侣之外的人发生性行为得到的好处通常很小，如果与可能破坏一段良好关系的代价相比的话。

与从充满爱意的关系中得到的长久满足感相比，性爱带来的满足感往往是短暂的。因此，必须重点强调，选择与伴侣之外的人做爱是一种主动决定。有些人可能觉得，性本身的吸引力，或者与不同的人发生性爱的吸引力，值得付出代价。

其他人则想要两全其美。出轨的人总是宣称，出轨只是一时冲动，没有经过仔细思考。然而，早在有机会出轨之前，人们就已经有意识或者潜意识地做好了相关决定。其他情况下，人们会指出他们所谓的伴侣的敌意行为，来合理化其出轨。

让我们来看看安德里亚斯和露丝的案例。为了保护隐私，主人公的名字和情节进行了修改，但本案例基于真实事件改编。安德里亚斯和露丝结婚6年了，还有两个小孩子。到了该睡觉的时间，露丝往往筋疲力尽，没什么兴致做爱。因为缺乏性生活，安德里亚斯埋怨露丝，在他看来，他要是出轨了，也是事出有因。毕竟这全是露丝的错。如果她答应常常做爱，也不会变成这种局面。

有一次，安德里亚斯出差时和同事们去了酒吧。几杯酒下肚后，他开始和一名女同事调情，还邀请她去他的房间。第二天，他感到内疚，但是他把出轨归罪于妻子的态度和酒精的作用。

然而，事实上，除了他自己之外，他没理由责怪任何人、任何事。他的行为既不负责任也不尊重伴侣，这种行为不是出于对露丝的爱。如果他致力于做一个满怀爱意的伴侣，他就该知道，露丝之所以会筋疲力尽，是因为她为家庭做出了牺牲。他本该帮她分担重担。他本可以安排两人单独过一个周末，重燃爱火。他本该理解，家有年幼子女，至少在一段时间内，父母的侧重点会有改变。

讽刺的是，安德烈亚斯居然确信，除了露丝以外，他从没爱过别人。他对睡过的那个同事一点感觉都没有。在他看来，这次偶发的一夜情只是一时失控，是由肉体吸引、酒精和性欲引发的。他的案例说明，仅仅喜欢或关心不一定就是爱。我们再次将爱定义为，为了他人的幸福安康而不断努力，爱需要专注和奉献。就算露丝永远不会发现，安德烈亚斯也心知肚明，他做了会深深伤害妻子的事情。他表现得很自私，没有考虑到所爱之人的幸福。

爱可能会影响性欲。对夫妻的调查显示，当伴侣对彼此的爱意减少时，对婚内性行为的满意度就会下降。通常，对关系不满意会导致性爱减少，而这反过来又会增加出轨的可能性。因此，在一段关系中，性爱的质量或数量突然变化，可能是出现问题的信号，需要及时处理。相反，对伴侣的爱和性欲，可以通过有意识的努力去恢复。关爱伴侣有助于提高其性欲。

尽管安德烈亚斯出轨了，但是有没有可能他的确爱露丝呢？当类似愤怒、疲劳或者挫折一类的冲动主导我们的思想和行为时，我们的言行举止就可能会缺乏爱意。这种情况并不意味着我们不爱这个人。同样地，当性冲动和与他人亲密的机会成对出现时，屈服于这种冲动也许并不能说明全然不爱伴侣。然而，这的确表明出轨的人没有精通爱。

对安德里亚斯来说，他对露丝的爱不够重要，不够强烈，无法抑制他的自私冲动，阻止他出轨。他失去了对爱的专注。一个拥有强大的爱的能力的人，会意识到这种冲动，并控制它们。对爱的专注越弱，就越容易被这些冲动引诱，屈服于它们。很多人都和安德里亚斯一样，他们对伴侣有些许爱意，但是没强烈到可以控制自私的冲动，经受不起考验。

在生活中，我们通常无法拥有一切，而所有的事情都有代价。一段充满爱的关系是人生最有价值的成就之一，但是它需要牺牲，包括牺牲一些个人自由——再也不会有步入新关系所带来的兴奋感；养育孩子需要公平地承担父母的责任。看来，这是为了获得充满爱、关怀和尊重的生活所付出的微不足道的代价。

第七章　爱与性别

把行为或性格特征归咎于性别不仅没有根据，而且非常无礼——正如其他偏见一样。爱需要我们发现每个人的独特之处。

男人和女人的爱有区别吗？男女之间的关系不可避免地包含不平衡、不相容和冲突吗？

在大多数社会，关于性别的假设对恋爱关系、人际关系和两性关系有特别强大的影响。直到近期，大多数女性还依赖家庭或者丈夫的经济支持。这种依赖不仅限制了女性对伴侣的选择，还对女性造成压力，让她们符合公众行为的社会标准。例如，人们往往宽容男性滥交，却谴责女性滥交。“强势的男性情场高手追求犹豫不决的害羞女性”，这种刻板印象导致很多人在恋爱时扮演这类角色。在许多社会中，即使是当代，人们也指望已婚女性服从丈夫。

长期以来，女性一直被鼓励压抑自己的真实想法和感受，因此人们以为女性的性需求低于男性。由于男性性激素睾酮是决定性需要的关键因素之一，这一假设在科学上似乎是正确的。然而，我们现在知道了，男性和女性的生理过程都复杂多变。性需要受到其他因素的显著影响，比如其他的血液激素水平和激素受体密度。

为什么刻板印象如此普遍，很难消除？模式识别是一种很重要的学习机制。如果我们在相似的环境中观察到重复发生的事件，大脑就会把它们关联起来。不幸的是，这样的关联也许并不可靠。我母亲相信心灵感应，因为在她的印象中，她一想到某个人，不久后就会接到此人的电话。然而，她的记忆是有选择性的。她承认，她会牢牢记得当她想到某个人，那个人就打电话的情况，而记不得那个人没打电话的情况。当她确实去留意是否她一想到某个人，此人就会联系她后，她发现大多数时候情况并非如此。当真的有人打电话时，她假定两者有关联，可能是因为在潜意识中，她希望这样。

刻板印象是一种会带来麻烦的建立关联的形式：我们（往往通过他人）学会将特定的行为或品质与某些人群关联起来，然后假定这些特点代表了该群体中的每个人。既有负面的刻板印象，也有正面的刻板印象：我们会声称“老年人很明智”，或者“亚洲人很勤劳”，但这类说法也是在没有考虑到个体性的情况下，将共同特征赋予了所有人。这样一来，就是不尊重个人的独特个性，妨碍我们真正地了解某个人。因此，刻板印象和我们对爱的理念是相反的。

人们认为，刻板印象是一种思维模式的产物，它与物种的适应性利益有关。[1] 对我们的祖先来说，“一朝被蛇咬，十年怕井

1　J.哈奇森和D.马丁：《刻板印象的进化》，摘自《社会心理学的进化论观点》，V.齐格勒希尔、L.威林和T.沙克尔福德编辑，斯普林格出版社，电子书，2015年。

绳”很可能是有利的。消除刻板印象的重要一环，是认识到它是一种原始而有缺陷的思维模式。这也能帮助我们认识到，区别一般属性和特殊属性需要更高层次的智力加工，而这代表了人类独特的进步。

与此同时，抗拒做出有缺陷的关联的本能，需要积极的努力，也就是说，要有意识地拒绝此类关联。不幸的是，因为我们往往是在潜意识中做出判断，可能不知道自己有偏见，还以为自己很公正。2014年，德国的一项大型研究发现，尽管申请者的资历相同，但雇主更倾向于选择有德国名字的申请者，而不选择有外国名字的申请者。[1] 面对采访时，雇主们否认有意地歧视对待申请者。

察觉偏见的过程和科学观测类似：需要对假设进行检验。如果我们想要知道，“老年人很明智”这个印象是否有事实依据，首先要以可验证的方式定义明智，然后将足够数量的老年人与年轻人进行比较。如果我们没有发现老年组和年轻组之间的差异，那么就没有证据证明我们最初的印象是正确的，因此应该否决

1　德国一体化和移民基金会：《培训市场的歧视：程度、原因和未来》，2014年3月，www.svr-migration.de/publikationen/diskriminierung-am-ausbildungsmarkt，访问于2017年8月4日。

它。如果我们确实发现了差异，就该注意差异的程度。

假设我们发现100个老年人中有40个很明智，但100个年轻人中只有20个很明智。尽管这项发现也许表明，年长者较之年幼者更明智，但它仍然说明，大多数老人并不明智，假设他们明智是错误的。

不了解人却将某些特点强加在他们身上，这种行为反映了无知。虽然我们很难完全消除潜意识中的偏见，但我们可以、也应该用正念来积极抵制偏见。正如爱中的不懈努力一样，避免偏见，对所有人表现出足够的敬意，都需要我们有感悟能力，要批判反省自身的思想和行动。这种努力是爱的艺术的基本要求。

关于性别的刻板印象，诸如“男人有信心”或“女人有条理”的观点依然广为传播。毫无疑问，男性和女性在解剖学和生理学方面的差异远不止生殖器官和性征上的不同：它们的影响遍及诸多器官，包括脑部。研究表明，男性和女性的性激素对器官功能有不同的影响。核磁共振扫描显示，男性和女性的某些大脑区域的大小显著不同，大脑区域之间的连通性也不一样。[1] 研究

---

1 M.英格哈利卡、A.史密斯、D.帕克、T.D.萨特思韦特、M.A.艾略特、J.拉普尔、H.哈孔纳森、R.E.古尔、R.C.古尔和R.维尔马：《人类大脑结构连接体的性别差异》，美国国家科学院院刊，111期，823–828页，2014年。

已证明，性激素的血液浓度变化会影响人的情绪、性欲、精力、睡眠，以及其他身体机能。

鉴于这些生理差异，在某种程度上，男性和女性的行为似乎天生就不一样。然而，行为是极其复杂的功能的结果，不能简单用激素或大脑结构的微小差异来解释。过去的经历、未来的期望以及基因组成让个体的行为有巨大的可变性。许多人普遍认为，生物学和性别特征之间的联系经不起科学检视，就不足为奇了。

相比之下，社会规定的性别角色对行为有着重大影响。男孩和女孩往往在童年时期就学会了根据社会对其性别的期望，接受或拒绝特定的行为方式。成年后，我们很难区分习得性行为模式和遗传性行为模式。例如，研究表明，一般情况下，男性比女性更倾向于表现出攻击性行为。然而，在调查私下里的攻击性行为时，这些差异就消失了。[1] 研究人员得出的结论是，至少有一些观察到的效应是由于社会对男性和女性的不同期望所致。

研究世界各地性别角色与西方标准大不相同的文化得出的结

---

1 J.C.克里斯勒和D.R.麦克雷主编：《心理学的性别研究手册》，斯普林格出版社，纽约市，2010年。

论，支持“许多观察到的男女行为差异是由于不同的社会期望所致”这一观点。在中非共和国一个叫作“阿卡”的小部落中，他们按照基本上可以互换的性别角色来抚养男性和女性。男女都从事狩猎、育婴、烹饪和规划下一个营地的工作，这意味着行为的主要调节器是社会环境而不是生物学。

20世纪90年代的超级畅销书《男人来自火星，女人来自金星》强化了“在恋爱关系中存在巨大的性别差异”的神话。[1] 作者强调了调和这些差异的重要性，但并没有把它们与不同的性格联系起来，而是强化了刻板印象的运用。从此之后，一项又一次的调查发现，无论男性还是女性，统统来自地球，而不是其他任何地方，在对待人际关系的各个方面，他们的态度平均差异相对较小。

最近关于性别差异的研究描绘了一幅更加微妙的画面，揭露了两性的性需求在生命的某些阶段那些普遍又微妙的差异。[2] 也

1　J.格雷：《男人来自火星，女人来自金星》，哈珀柯林斯出版社，纽约市，1992年。

2　R.F.鲍迈斯特、K.R.卡塔内塞和K.D.福斯：《性需求有性别差异吗？理论观点、概念区分和相关证据》，人格与社会心理学公报，5期，242-273页，2001年。

就是说，女性在生命某些阶段性欲比男性旺盛，某些阶段性致勃勃，某些阶段则性致全无。同样地，男性和女性对待恋爱关系的态度也可能和那些陈词滥调截然不同。我们知道，与性别的刻板印象相反，许多男性特别敏感和情绪化，而不少女性可能冷漠现实。有些女性也许喜欢做爱之后温存片刻，而其他女性则可能更享受独处时光。

2013年的一份报告分析了来自多项研究的证据，这些研究共涉及超过1.3万名参与者。[1] 这份报告涵盖了对性观念和性行为的评估、配偶的选择、社会导向、同理心、与性别相关的性情和性关系。尽管他们发现男性和女性的平均反应有所不同，但这些差别并不能让研究人员根据性别来预测反应。这份报告证明了“男女来自不同星球”的神话是错误的。男女之间的差异不仅没有那么大，而且在很大程度上，观察到的差异可以用社会期望来解释。此外，在过去的几十年里，调查的结果趋于一致。

把行为或性格特征归咎于性别不仅没有根据，而且非常无礼——正如其他偏见一样。一个男人没有用心地倾听他的伴侣，

---

1 B.J.卡罗瑟斯和H.T.里斯：《男人和女人都来自地球：研究性别的潜在结构》，人格与社会心理学公报，104期，385–407页，2013年。

只反映了此人的习惯，并不能代表所有人。仅仅因为有些女性喜欢购物，并不能断言大多数女性都喜欢购物。爱需要我们发现每个人的独特之处。

第八章　对孩子的爱

在无条件的爱中成长，能让孩子建立自信，帮助他们过上自己的生活。反之，缺乏爱的支持，可能会导致孩子自我怀疑，没有安全感。

我们对孩子的爱是如此独特，值得用单独的一章来讨论。它有着极其重要的作用——给孩子灌输自我接纳和爱的概念。爱我们的孩子通常是生命中最容易的爱。从他们来到人世的那一天起，甚至早在其出生之前，我们就深爱着他们。许多初为父母的人很惊讶地发现，自己居然能爱得如此深切。

在童年、青春期和成年早期（可能谈过几场不痛不痒的恋爱），我们的生活很大程度上是以自我为中心的，孩子的降生往往标志着人生进入一个新的阶段，此时，父母们会发现他们爱的能力如此宽广。对孩子的情感与我们坠入情网时的强烈情感并无不同。[1] 事实上，人体正在释放不少同样的激素，诸如后叶催产素。

然而，与坠入情网带来的感觉相反，我们对子女的爱不会减少或者消失。我们无限地爱子女。对恋人的喜爱需要一定程度的专注去维持，对孩子的爱则截然不同，爱孩子毫不费力。别把这种轻而易举的爱和我们与子女的关系混为一谈，和子女相处有时候可能相当不顺，非常费劲。与爱相反，我们与子女的关系可能需要特别的奉献来维持。

1　K.M.肯德里克：《社会纽带的神经生物学》，神经内分泌学杂志，16期，1007–1008页，2004年。

“爱自己的孩子比爱其他人容易”这个观点符合进化论。通过交配将DNA传递给下一代只需要短期的喜爱和关注。但是，抚育后代则需要多年的奉献。天性让父母能轻而易举地爱他们的孩子，从而使奉献变得容易。

虽然舐犊之爱明显根植于我们的基因，但其潜在的心理机制却不那么清晰。爱的核心原则可能适用于此：我们的爱源于对孩子善与美的认可，这是生命的奇迹和辉煌。年幼的孩子是天真和纯洁的化身，让我们有培养和保护的冲动。和子女共处的时光让我们能发现他们的独特之处，增强我们的舐犊之情，催生强烈的依恋感。

可以想象，从孩子的模样和言行举止中发现自身的影子，会进一步加深父母对孩子的爱。这种感知让父母从孩子身上看到了自己的善与美。这也传达了生生不息的感觉，因此，从某种意义上说，这就是不朽。“在我们死后，生命的一部分会延续”，这种想法在潜意识中促进了舐犊之爱。正如柏拉图所说，“通过孩子，我们可以参与未来。”[1]

---

1 转引自L.阿米尔：《柏拉图的爱的理论：理性即激情》，实践哲学，4期，3号，6–14页，2001年。

在哺乳动物中，人类对舐犊之爱的表达独一无二。当后代达到生育年龄时，其他哺乳动物就不再关心后代，可人类却一直对他们的子女有着深切的依恋。然而，关于父母和孩子之间的爱与依恋，人类和动物的许多生物学机制是相似的。在父母与后代互动时，两者脑部的特定区域都会分泌后叶催产素和多巴胺，介导奖励反应。[1]

舐犊之爱常被说成是“无条件的爱”的典范。“无条件的爱”这个概念常会带来困惑，因为在最纯粹的意义上，爱总是无条件的。在此观点中，爱源自于一个人的本身存在，而不是取决于此人的行为举止。然而，对大多数人来说，爱的能力需要在他人身上发现善与美，而如果善的意象破灭，那么爱就不会长久。对父母来说，子女的善与美的意象牢牢地扎根在其心中。一个孩子就算做了十恶不赦的事情，父母却可能依然爱他。

与爱本身不同，我们在人际关系，尤其是恋爱关系中，会假定喜欢是相互的。在一段恋情中得不到爱，是结束这段关系的正当理由。相比之下，尽管我们希望子女能回馈我们的爱，却不会

---

1 J.E.斯温、P.金姆、J.斯派瑟、S.S.霍、C.J.代顿、A.艾尔玛迪和K.M.亚伯：《走近人类父母依恋的生物学：脑成像、后叶催产素和对父母的相关评估》，大脑研究期刊，1580期，78–101页，2014年。

将之作为我们爱他们的条件；就算他们没有回馈我们的爱，我们也不会和他们断绝关系。因此，我们与子女的关系就是无条件的爱的关系的典范。

这并不意味着尽管父母对子女的爱不会动摇，他们的情感就不会变化。不管是在孩子调皮捣蛋训斥他们时，还是在孩子达到我们的期望而奖励他们一个吻时，在这些时刻，我们对他们的爱实际上并没有增加也没有减少，但我们表现出的情感可能大不相同。

子女们往往要在很久之后才会意识到，原先他们所认为的父母有敌意的行为和规矩，比如禁止晚上外出，其实是父母对子女的爱，是出于对其安全的考虑。然而，重要的是，我们要向孩子们传达：即使我们没有一直表现出爱意，我们对他们的爱和支持绝对是无条件的。

这点描绘出了情感表达和爱之间的一个重要区别。情感表达可以反映出我们当时的心境，或者是为了达到某种目的。这是一种暂时性的状态。与之相比，爱是一种持久性的状态，尽管爱的目标是所爱之人的幸福安康，却可以用多种方法表现。虽然孩子们有感知的能力，但是我们也要尽力确保他们明白：我们对他们的爱确实毫无条件，不会因为他们的表现而动摇。

尽管有爱子女的本能，父母却很难全身心地投入，与子女建立幸福的关系。1930年，英国哲学家伯特兰·罗素写了一篇著名的文章："父母和子女之间的情感能够成为最大的幸福源泉之一，但如今的现实是，90%的父母和子女的关系让双方都不快乐，99%的父母和子女的关系至少让其中一方不快乐。"[1] 几十年后，我们对父母与子女关系的看法也许不再那么悲观，但是问题依然屡见不鲜。

当今父母和子女之间关系紧张的众多原因和1930年一样：父母本身可能人格不成熟、自我意象差、有尚未解决的创伤和冲突、性格黏人到令人窒息、控制欲强、潜意识中有权力欲，或者没有接受别人爱自己的能力。尽管他们是出于好意，可这些特质让他们无法发现并满足子女被爱的需要。

如果我们没有建立好作为成年人的自尊和自信，对爱没有成熟的理解，就还没有充分做好为人父母的准备。因为孩子们很清楚我们的心态，我们的挣扎和不幸会对他们造成影响。即使我们

1 伯特兰·罗素：《幸福之路》，利夫莱特出版社，纽约市，1930年。

没有动力为了自己去解决这些个人问题，出于对子女的爱，我们也该努力去做。

理想情况下，在考虑生孩子之前，我们应该扪心自问：我们是否足够成熟，能否提供一个充满爱的环境？尊重自己，尊重伴侣，对彼此都有强烈的信心，有助于为孩子的发展打下健康的基础。与我们的伴侣建立长久、稳定、幸福的关系也是一个明智的开始。在一个理想的世界里，我们应该有信心，伴侣关系至少能持续到子女长大成人。我们知道，孩子的适应力强，恢复力好，那些在糟糕的家庭环境中长大的人，以后仍有可能获得幸福。然而，如果孩子在成长过程中没有体验过爱，学会如何去爱就会更加困难。

父母的行为举止对孩子获得幸福和爱的能力有着惊人的影响。他们的世界观经由我们塑造。我们待人接物的方式，面对挫折和逆境的方法，会对孩子如何体验生活产生巨大的影响。我们在家庭中树立的榜样会塑造他们对人际关系的概念。[1] 如果爱是每个家庭动力学中不可或缺的部分，那么孩子就会发现，爱是一

1 M.D.安斯沃思：《婴儿期后的依恋》，美国心理学杂志，44期，709-716页，1989年。

件简单而自然的事，而那些没有在爱中成长的人却很难达到同样的境界。我们对爱的专注和关心加倍重要，因为这不仅会给我们自身带来启迪，还会影响到孩子以后的人生。

在无条件的爱中成长，能让孩子建立自信，帮助他们过上自己的生活。反之，缺乏爱的支持，可能会导致孩子自我怀疑，没有安全感。莫西阿努姐妹的案例说明了父母的态度对子女人生观的影响。[1] 多米尼克·莫西阿努是一名出生于罗马尼亚的体操运动员，奥运金牌得主。她在26岁时发现自己有一个妹妹，名叫詹妮弗·布瑞克，出生时没有双腿，后来被送去领养。詹妮弗和养父母一起长大，尽管身有残疾，她也擅长体操。虽然姐妹俩都是杰出的运动员，性格方面也有很多共同点，但是多米尼克注意到一个明显的区别：詹妮弗做任何事都充满信心，而她，却和她的另一个妹妹克里斯蒂娜一样，在这方面有所欠缺。在成长过程中，詹妮弗得到了许多鼓励和支持，而多米尼克和克里斯蒂娜则觉得“父亲打压了她们”。她们都极为出色，但是詹妮弗，尽管身有残疾，对自我的评价和对自身成就的感觉却远好于她的姐

1 N.L.西格尔：《两姐妹的故事》，今日心理学杂志，2015年11月3日，www.psychologytoday.com/articles/201511/tale-two-sisters。

妹们。

我们应该尽力为子女提供他们最需要的东西——爱他们，尊重他们的个性。父母把自己的目标强加给子女（可能源于我们自己没有实现的愿望），或者想让他们出人头地来提高自己的地位，这些都是有害的。我们应该希望他们在生活中，能达到他们自己所定义的成功标准，并能接受他们对成功的看法可能与我们大相径庭。

许多父母的出发点很好，所作所为也是出于一番好意，却造成了孩子的心理疾病。因为他们坚持自己的观点和理念，不允许孩子有自己的思想。卡里·纪伯伦的诗歌《孩子》优雅地表达了这一观点：

你们可以庇护他们的身体，而非他们的灵魂；
因为他们的灵魂栖息于明日之屋，
那是你们在梦中也无法造访的地方。[1]

许多研究已经证实，在孩子发展并维持有意义、充满爱的人

1　卡里·纪伯伦：《先知》，17章，阿尔弗雷德·A.克诺夫出版社，1923年。

际关系的能力上，我们有着惊人影响。在著名的明尼苏达双胞胎家庭研究中，研究人员评估了100多对在幼年期分离的双胞胎的情况，以评价遗传和环境因素对人格的影响。调查人员确定，我们约70%的智力（经标准测试评估）是由基因决定的。[1] 调查结果还表明，其他的心理特质，如个人兴趣和宗教虔诚，也有相当大的遗传倾向。

研究人员还对双胞胎进行了研究，试图找出影响约会行为的遗传因素和环境因素。[2] 例如，参与者被要求从激情、游戏、友谊、务实性、占有欲，或无私等方面，描述他们的约会经历。鉴于明尼苏达双胞胎家庭研究的结果，以及其他显示人格特质具有高遗传性的研究，调查人员惊奇地发现，几乎没有证据表明先天因素影响了参与者的反应。这些结果表明，与其他个人特征相反，我们谈恋爱的模式主要是教养的结果，而非与生俱来的天性。

1　T.J.布沙尔二世、D.T.拉肯、M.麦丘、N.L.西格尔和A.特勒根：《人类心理差异的来源：明尼苏达州对分开抚养的双胞胎的研究》，科学，250期，223–228页，1990年。

2　N.G.沃勒和P.R.谢弗：《非遗传因素对恋爱风格的影响：双胞胎家庭研究》，心理科学期刊，5期，268–274页，1994年。

这项研究结果支持了我们的理念——爱是一门艺术。尽管我们影响不了孩子能否成为火箭专家或者电影明星，可是我们对他们在成年后获得幸福和维持人际关系的能力有着巨大的影响。

第九章　爱与宗教信仰

即使没有宗教信仰的粉饰，爱本身也能帮助我们找到活下去的理由。有爱心的人通过为他人创造幸福来找到生活的意义和目的。

我们能将爱和宗教信仰分离吗？几个世纪以来，这个问题一直困扰着神学家和哲学家。最终，答案取决于我们对于人类起源的看法。如果我们相信上帝造人——无论我们对上帝作何理解——那么，我们会将爱看作神圣的礼物。若非如此，我们也许会将爱理解为一种重要的生物性需求。比较这些观点的论据，或者试图诋毁其中任何一个，都毫无益处。两者都为人们带来慰藉，谁都不该因为自己的精神信仰受到批判。

从实际出发，不管有没有宗教信仰作为基础，爱都需要专注和奉献。我们生来就有爱的能力。能力大小或许因人而异，但它是与生俱来的。许多与爱相冲突的冲动也是与生俱来的。为了维持和表达爱意，我们需要学会控制这些相互竞争的需求。

主流的世界性宗教有一个非常显著的共性——对在寻求爱和心灵觉悟的过程中需要努力和奉献的坚持。关于爱，它们都提供了惊人相似的教诲，强调要寻求心灵觉悟和/或通往上帝之路，关键在于战胜利己主义，弘扬利他主义。所有的主流宗教都认识到，要抑制我们不可避免的自私冲动，需要强大的精神专注。耶稣命令我们要爱敌人，这就需要我们付出巨大的努力去爱。拥有这种强大的爱的能力，能让我们无论自身境况如何，都会感到幸福。佛陀强调，通过严格的冥想和深思战胜自私的冲动，对获取内心的平静至关重要。到达涅槃的状态意味着一种完全无私的状态，“自我寂灭，万物合一”[1]。

无私是世界上所有主流宗教的共同的和基本的原则，这一事实说明无私得到了人类由衷的共鸣。印度诗人泰戈尔称爱是造物核心的终极真理。在印度教中，寻求灵魂解脱的最常见路径是彻底为神奉献，这是爱的一种形式。同样，在犹太教、基督教和伊斯兰教中，神之爱是信仰的核心，救赎和天堂是对上帝奉献一生的奖赏。

尽管不同的宗教用不同的术语来构架它们的精神目标，但它们指的是同一种根本现象：从所有以自我为中心的冲动中解放，乐于为他人的幸福安康奉献，由此达到内心安宁满足的状态——这就是，去爱。因此，对世界上伟大精神领袖的影响力有一个合理的解释：他们发现了爱的力量是人类幸福生活的关键。

这些宗教都教导我们，只要愿意付出足够的努力，任何人都能达到安宁的状态。和爱一样，达到这种状态要求我们克制诸如以自我为中心的情绪、攻击性、野心、欲望等竞争冲动，而宗教

---

1 T.W.R.戴维斯：《佛教经文》，克拉伦敦出版社，牛津市，1881年。

教义则提供了我们抵制这些诱惑的最佳指导。我们很难完全控制利己主义，因此很少有人能成功地遵循完美的道路，正如很少有人能成为爱的艺术的大师。

宗教信仰也许会强调爱，因为爱是幸福美满生活的关键。“爱是一种神奇的或者神赐的力量”，这种观点和“爱是一种保存物种的生物性需求”一样有根据。尽管精神信仰多种多样，但是纵观人类历史，爱一直是一种强大的力量。我们已经了解到，顺应爱的冲动，必然会触发人类大脑中的特定过程，既能让个体产生满足感，同时又能强化对物种有利的行为或想法。可以想象，因为爱在种族保障上的益处，比起专注于其他冲动，内在神经系统对我们专注于爱的行为的奖励更为持久。于是，在人类的活动和追求中，爱的活动带来的满足感最为强烈。尽管响应自私冲动的内在奖励（释放产生欣快感的激素）可能也很高，但它是短暂的，最终，不如顺应爱的冲动给予的满足感高。鉴于保存物种的重要性，如果我们控制住自私的冲动，把爱放在首位，就是忠于自身的生物性命运。

为什么爱常被视为一种神性，为什么宗教如此重视它，这些很好理解。爱对于我们如何看待我们的生活和环境有着深远影响。对爱的关注可以将痛苦转化为幸福——这也许可以视为奇迹。从爱的心灵中产生的宁静可能会让人觉得是超自然现象，尤其是在没有其他合理解释的情况下。

几个世纪以来，除了教导爱之外，宗教还实现了很多其他功能。西格蒙德·弗洛伊德认为宗教是人类的发明。人类创造宗教来满足某些需要，特别是帮助人们应对死亡的无法承受之重。从历史上看，宗教提供了一个体系，用来解释原本令人困惑的自然现象（这项作用随着科学知识的发展而减小），还为团体和人群提供了道德行为标准。这些作用是人类共存与合作的基础。

主流宗教的构架和核心教义仍在为许多人提供巨大的慰藉和指引。它们解答那些人类意识中挥之不去的问题：我们为什么存在？我们生活的目的是什么？总体来说，它们的答案是——我们应该把生命奉献给神。它们鼓励我们要克服自私、贪婪、嫉妒，以及其他负面冲动，同时要致力于获得心灵觉悟。

具有讽刺意味的是，将爱的概念从宗教信仰中分离，就可以克服宗教的最大缺陷：分裂。虽然大多数宗教的目标是团结人类，但它往往起到相反的作用。宗教（像其他社会机构一样）一旦创立，就会因为追逐权力和影响力而被修正，而这通常与宗教最初的准则背道而驰。[1] 此外，根据定义，一个群体的发展需要将该群体与其他群体区分开来。宗教分歧引发了激烈的冲突和战争。

问题不在于宗教理念，宗教理念通常是善良的。但是，尽管许多人并没有恪守其宗教信仰的核心教义，比如“爱你的邻居”，却可能会对那些持其他信仰的人怀有一种蔑视、排斥或敌对的态度。

在一个越发理性和科学日渐昌明的世界上，很多人越来越难认同对人类存在的宗教解释。由于这个原因和其他因素，宗教组织的影响力一直在衰退。一项世界范围内的调查发现，2005年至2012年间，受访者中自称宗教徒的人士减少了9%（在美国减少了13%）。[2] 同一调查显示，在中国、日本和一些西欧国家，大多数人是非宗教人士和无神论者。然而，科学不能简单地回答这

1　休斯顿·史密斯：《世界宗教：我们伟大的智慧传统》，哈珀出版社旧金山分社，旧金山市，1991年。

2　盖洛普国际：《全球宗教信仰和无神论的指数》，2012年7月，www.wingia.com/web/files/news/14/file/14.pdf，访问于2017年7月28日。

个由来已久的问题：“我们生活的目的是什么？”

很大程度上由于这个原因，已有的宗教信仰仍然吸引着众多信徒。不过，即使没有宗教信仰的粉饰，爱本身也能帮助我们找到活下去的理由。有爱心的人通过为他人创造幸福来找到生活的意义和目的。如果某个人的生活因为我们变得更好、更幸福，那么我们的生命就有了意义。尽管我们无法治愈整个世界，但是通过帮助个体，我们可以尽一份绵薄之力。如果我们过着尊重他人、帮助他人和关爱他人的生活，那么这个世界的确会因为我们的存在而变得更加美好。

将我们的生命奉献给爱，从而创造出至高的意义——无论我们是否在宗教信仰的体系内行事。施爱者通过付出爱得到幸福美满，因为这种行为顺应了人类最强大坚定的内在冲动。爱甚至可以化解我们对死亡的恐惧。我们的爱不会死亡，它会继续活在所有被这份爱所触动的生命中。尽管有些人已经去世，我们大多数人仍能感觉到逝者在爱着我们。回忆起他们的言谈举止和音容笑貌，会唤回那些爱的感觉。我们不仅记住了这些情感，还通过效仿所爱之人的言行，将这些情感传递给他人。

因此，从其解答了生命最本质的问题这层意义上，爱本身就可以被视为一种宗教信仰，或者是一条灵性之路。虽然爱是传统主流宗教的共同特征和核心，但把爱本身作为一种宗教信仰的优点是“世界通用，人人可行”。爱从来不具排他性。事实上，爱的宗教已经存在了数千年。那些信仰它，恪守其教义的人们组成了一个独立于国界、文化和语言的社群。如果你遇到一个真正满怀爱意的人，无论你身在何方，哪怕你们言语不通，素未谋面，也会立刻觉得亲近。爱的社群是世界上最大的社群。

爱的宗教没有特定的仪式和习俗。在某些方面，这可能是一个缺点，因为和其他文化习俗一样，这样的传统会提供一种亲密感、群体感和舒适感。为了那些寻求仪式和习俗的慰藉，以及寻求一个本地社群以共享信仰的人，一些宗教和教派，例如一神普救派（Unitarian Universalist），试图将爱的教义与那些来自不同信仰的传统宗教仪式结合起来。对其他人来说，从爱的艺术中获得的力量和勇气也许就已经足够了。

“如果一个人的宗教信仰都不能让他善待自己的猫狗，我就不喜欢这个宗教”，这句话常被认为是亚伯拉罕·林肯说的。无论我们的精神信仰或哲学信仰是什么，如何为人处世才是最重要的。如果我们声称自己很虔诚，却因为他人的精神信仰来评判他人，就违背了自己的信条。如果我们接纳真实的他人，善待他人，就体现了人类的善良与仁爱。

第十章　爱与社会

大多数人渴望爱和性，因此与爱和性有关的商品常常很畅销。

爱在社会中起什么作用？它该起什么作用？“社会”这个词来源于拉丁文“socius”，意为“朋友”或“盟友”。社会意味着人们为了和平生活结成的联盟。然而，在此体系下，人们对社会成员之间的理想关系有着不同的看法：上至充满关爱，下到仅仅维持礼貌。在一个社会中，从个体身上所观察到的自私冲动和爱的冲动之间的冲突被放大了。为了群体的利益，社会成员可能会被要求让渡财产（例如纳税）、提供服务，以及放弃一些行动自由。这些牺牲的程度和范围常常成为争论点。此外，成员之间的嫉妒和贪婪造成了人类社会的紧张和斗争。

在理想状况下，一个社会的成员都有强烈的社群意识，会为全体的幸福安康而奋斗。社会有一个重要优势，即能够运用共享的资源为患病、残疾或其他不幸的社会成员提供帮助。通过谨慎地分配资源，社会可以避免贫富悬殊，而贫富悬殊是造成冲突的主要原因。

弗洛姆在20世纪50年代提出，西方工业社会不利于爱。资本主义促进了竞争和原创，同时也促使人们为了超越竞争对手而努力工作。西方社会建立在消费之上，因此它支持促进消费的活动。我们被鼓励消费的广告包围——垃圾邮件、广告牌、广播、电视、报纸、杂志，现在还要加上互联网。一个人的社会地位很大程度上由其所拥有的物质财富决定。

早在小学时期，地位争夺战就已打响。拥有更昂贵的电子设备、更时髦的衣服，以及其他时尚小玩意的孩子们，会赢得尊重和羡慕。在后面的求学生涯中，学生们为了进入顶尖的大学和研究生院，又大打分数战，这相应地增加了他们获得职场成功和丰厚收入的机会。现在，许多人把人生前三十年的大部分时间都花在了学习和职业培训上。

过于专注事业，就没有时间投入在个人发展上。求学、初入职场，紧随其后的是多年繁忙的事业打拼和生儿育女。许多人在三四十岁时面临中年危机，这不足为奇。最终，我们从日复一日、按部就班的工作-家庭模式中觉醒，怀疑自己是否真的做出了最好的选择，还是仅仅试图满足父母或社会的期望。许多人直到很久以后才明白自己真正想要的是什么，而有些人则永远没有搞清楚。其他文化和宗教信仰也认为，在走向成熟的过程中，对个人目标有些许困惑是正常的现象。可是，那些为了追逐错误目标所虚掷的光阴，却再也回不来了。

赚钱与消费的压力分散了我们的精力，让我们无暇内省，无暇学会了解自己。了解我们的本性几乎与更好地适应这个以商业为中心的社会背道而驰。一个空虚的人更可能为了缓解孤独感或填补自我价值感去进行消费。相反，幸福有爱心的人往往拥有较少的财产就会满足，他们享受精神上的愉悦，比如家人和朋友的陪伴，还有美丽的大自然。[1]

在一个以市场为导向的文化中，爱是一种商品。尽管它很重要，但仍然是商品。大多数人渴望爱和性，因此与爱和性有关的商品常常很畅销。而且，由于人们普遍认为有吸引力的外表会提高一个人得到爱和性的机会，所以各大公司通过销售化妆品、香水、美发产品、护肤品、服饰、珠宝、减肥产品、健身产品，以及提供整形手术等，每年获利高达数十亿美元。与爱和性相关的电影、杂志、书籍、电脑游戏等都很畅销。事实上，只要与爱或性扯上关系，几乎所有商品的销量都会提高。[2]

媒体对爱的描绘强调了对爱情和性的追求。在电影和杂志中，浪漫的爱情总是优先垂青漂亮的人。它们传达的信息是，如果你貌美如花（按传统标准），就不需要寻找爱情——爱情会找到你。这条信息告诉人们，他们应该注重外表吸引力，而不是个

1　S.格哈特：《自私的社会：我们是如何忘记了彼此相爱却用赚钱代替》，西蒙与舒斯特出版公司，伦敦市，2010年。

2　T.赖克特：《研究广告中的性信息：评论消费品广告中性信息的内容、影响和功能》，性研究评论年刊，13期，241-273页，2002年。

人的发展和奋斗。因为“只要具备合适的条件，爱情就会找到我们”这个信念很诱人，于是厂商向我们保证，购买他们的产品会让我们具备这些条件。“爱需要奉献、内省和自律”这种观念就不那么有吸引力，也无法带动销量。

当然，消费本身并没有错。经济体系为我们提供了大量的便利设施、舒适用品和健康福利。当消费以牺牲自我发展和爱为代价时，问题就出现了。生命在于平衡。不受控制的市场是无情的：它们不关心那些落后和穷困的人。与其对立的共产主义是有情的，但忽略了人类在独创性上的需求以及竞争带来的好处。一如既往，答案就是取两者的平衡。

不同的社会重视不同的价值观，比如教育、智慧和资历。为了改变社会的价值观，我们需要重新调整整个社会，减少对消费的重视，更多地关注对爱的认识和实践。这一设想并不像看上去那样不切实际。显然，当我们回顾一百年来的发展，人们越来越意识到，满足感源于关爱而不是以自我为中心。在20世纪初的美国，妇女没有或只有有限的投票权，种族隔离普遍存在，同性恋是犯罪。我们在公民权利方面的成就反映了社会对公平和关爱他人的渴望。虽然还有许多工作要做，但在短短的几十年时间里，我们已经取得了长足的进步。发展的浪潮有起有落，还会间歇性地遇到阻碍，放缓速度。然而，基于前面提到的进化原则，对于爱在人类社会中得到进一步发展，我们可以持乐观的态度。

在此过渡时期，个体为了自身的发展，必须有意识地抵制消费品的压力。大多数人会间歇性地意识到，我们过于关注那些无足轻重的事情，会试着调整我们的态度。在节日期间，我们像电影《生活多美好》中的角色乔治·贝利（詹姆斯·斯图尔特饰）一样，声称只有家人和朋友才是真正重要的。然而，新年过去的几周后，大多数人又回到了日常生活中，那些“要花更多时间在真正重要的事情上”的决心，全部烟消云散。真正的困难在于始终保持我们对爱的关注。

在任何时刻都选择对我们来说最重要的东西。我们总是可以选择爱——但我们往往不这样做。对商业的痴迷显然影响了我们发展爱和人际关系的能力。我们需要成熟和爱才能意识到这种冲动，但讽刺的是，当我们把大部分精力投入在赚钱和花钱上的时候，我们很难会变得成熟，很难去培养爱，所以也许永远不会有这种顿悟。另一方面，我们对社会地位和物质价值的痴迷可能会形成一个恶性循环。嫉妒他人的财富会腐蚀我们的思想，在极端的情况下，甚至会引发盗窃和其他罪行。

往往要等到发生重大事件后，我们才会停下来反思什么才能让我们真正幸福。一些在2008年金融危机中失去一切的百万富翁反映，最终，他们比以前更快乐了，因为金钱的损失让他们重新关注生活中真正重要的事情。其他一些人在面临重大疾病甚至死亡时，也有类似的顿悟。

为什么总要发生一场灾难，我们才能明白应该争取在生活中达到平衡，应该花时间让自己和所爱之人幸福生活呢？我们是社会性生物，也是竞争性生物。权力欲是一种强烈的内在冲动。如果社会地位建立在金钱和物质财富的基础上，我们就会有动力去争取这些东西。可是，爱需要拒绝竞争性、利己性需求，比如野心。很明显，两者是相冲突的。

当今，由于技术进步，越来越多的事物会分散我们对爱的专注。许多人花在电子设备上的时间远多于和他人交往。数字通信已经占据了我们人际互动的大部分。如今，社交媒体的普及，往往要求孩子们从很小的时候就开始协调群体动态，参与竞争。在西方社会，电子设备是娱乐的主要形式，它让我们专注爱的时间和精力更少了。虚拟现实设备的功能越发强大，越来越受欢迎，这代表我们又多了一种脱离人际接触和现实世界的途径。

抵制社会的许多压力需要觉知与专注力相结合。和许多哲学家和精神领袖一样，亚里士多德认为生命的价值取决于觉知和沉思的力量。佛陀则强调要不断地去觉知自我，自我是痛苦的根源。不断地尝试觉知环境，会让我们认识和反思自己的思想和行为。

让我们看一个简单的例子：我在买新衣服。我可能会问自己："我为什么要买新衣服呢？是为了御寒，还是为了打扮自己？为什么要打扮自己？我的潜意识冲动是什么？这是该优先做的事吗？"类似这样的问题可能会让我们了解自己的动机，帮助我们忠于自我，而不是屈服于物质社会的压力。

觉知的对立面是无知，无知是爱的大敌。不幸的是，我们大部分时间都是在无知中度过，过于关注日常生活的需求，看不到更宏伟的蓝图。具有讽刺意味的是，往往是破产、疾病或者其他重大挫折，才让我们最终认识到真正重要的是什么。

我们多半不会每天都面对生死攸关的问题；相反，我们专注于日常生活的琐事。可是能帮助我们尽情享受生活的恰恰是珍惜当下。每一个瞬间，我们都有福分把精力集中在分享这名为生活的绝妙体验上。

第十一章　爱与世界

爱包含尊重生命，滋养生命，在每一个存在中发现奇迹。为了在生活中拥有爱，我们需要去爱这个世界。

满怀爱意的心灵会发现每个生命的美丽与价值。它力图维持和保护我们周围的世界，其中包括我们的环境。一个有爱心的人不会做出暴力、背叛、偷窃以及其他反社会或者不道德的举动，也不会出于贪婪和自私去利用他人、动物和自然资源。任何的破坏都会让有爱心的人痛苦，而每一个善行都会让其欢欣。

世界事务常常由政治家和商人来管理，他们优先的冲动并不是爱。政治和经济财富迎合了人类的一种非常强烈的冲动，即权力需求。哲学家弗里德里希·尼采创造了Wille zur Macht（权力意志）这一术语，用来描述他所认为的人类的一种核心需求，即在群体中获得可达到的最高位置。[1] 尼采认为权力意志是人类行为的根本动力。

从进化的立场来看，很明显，权力欲应该是一种强烈的冲动，因为在一个群体中处于支配地位，繁殖成功的可能性就更大——无论是子代的数量，还是后代存活至生育年龄的概率。一个强大的人可以养活更多的性伴侣和更多的子女。[2] 他或她也能更好地保护自己免受对手的伤害，并养育子孙后代。因此，为权

1　弗里德里希·W.尼采：《查拉图斯特拉如是说》，T.康芒译，T.N.福尔斯出版社，爱丁堡市，1909年。

2　冯·如登和贾基：《男性的地位和繁衍成效》。

力、财富和舒适奋斗是人类的一种强大特性，这种特性在政治和商业决策中常常压倒对爱的考虑。

权力意志需要利己冲动占上风，而这些冲动往往与服务他人的冲动相冲突。即使是那些正直的人，在获得权力后，想要继续掌权的愿望也可能与他们控制利己冲动的意图发生强烈的冲突。这就给国际事务和人类带来了灾难性的后果——获得领导地位的人，其动力往往不是出于对爱的关注。

相反，那些把爱放在生命首位的人，最终却不太可能有权有势。他们更倾向于关注家庭、社群和志愿者工作。此外，沉浸于充满爱意的活动中的人们往往对政治漠不关心，任由那些渴望权力的人争权夺利。在这些变量的作用下，那些极端利己主义者一帆风顺地成为政府和重要机构的领导人，他们渴望的是影响力和控制力，而并非真心想要改善人民的生活。著名心理学家卡尔·G.荣格总结了这种模式："由爱统治的地方没有权力意志；而由权力主导的地方则缺乏爱。两者互为影子。"[1] 偶尔，我们会看到有世界领袖在获得有巨大影响力的职位后，仍然保持着对爱的强烈关注。悲哀的是，这些人只是个例。

1 C.G.荣格：《无意识心理学》，91页，拉舍尔出版社，苏黎世市。

在处理国际事务时缺乏爱所带来的经济政治影响无法精确衡量，但可以肯定的是，这些影响极为巨大。从本质上来说，国际政治和人际互动没有什么不同。一个国家如果只致力于扩大自身利益，毫不关心其他国家，就会招致其他国家的不满和反对，得不到善意与合作。

不以爱为导向的政治领袖也许会助长不平等、贫困和不公，进而可能导致暴力冲突。研究表明，不公是滋生恐怖主义最重要的温床之一。[1] 在一个国家中，如果人民认为警察威胁到了其基本权利，例如宗教自由，就可能会引发他们激烈而暴力的反抗。

另一方面，和在人际交往中一样，如果政府的政策和措施表现出对他人的关心和尊重，就会赢得声望和信任，还能削弱敌对言论和极端言论得到的支持。同样的道理也适用于那些生活在不公正、邪恶政府统治之下的公民。别国真正关心人民的政策可能会削弱腐败政府的权威，而对抗和威胁只会使政敌团结起来，导

---

1 L.芬斯特马赫、L.库兹纳、T.里格尔、A.斯派克哈德等人：《保护家园免受国际和国内恐怖主义威胁》，局部战略多层评估多机构和空军研究实验室多学科支持支持反恐和反大规模杀伤性武器白皮书，2010年1月，www.start.umd.edu/sites/default/files/files/publications/U_Counter_Terrorism_White_Paper_Final_January_2010.pdf，访问于2017年7月28日。

致冲突升级。[1] 重要的是，富有同情心的政策有助于广结盟友，孤立那些侵犯人权的国家。

和爱一样，国家间的睦邻友好关系也需要努力和内省。如果一个国家的领导人不能尽量理解本国行动对其他国家的影响，就很难有良好的国际关系。如果他们判断错误，与其他国家（或国内其他派系）敌对时，就必须通过承认自身错误，始终做出值得尊敬的行动，来全力恢复对方的信任。虽然这样的做法不会令所有的极端分子放下武器，但它会削弱极端分子得到的支持，防止敌对组织成员增加，这是遏制极端主义运动的关键措施。

然而，许多人相信，国际领袖需要展现实力，信任他人的善意危险而幼稚。[2] 归根结底，这取决于我们对人类的看法。我们认为人类天生自私、贪婪、怀有敌意，还是认为人类通常出于好意行事，只是有时误入歧途？

前一种态度导致了世界范围内的不信任和猜疑，阻碍了国际

1 L.C.加德纳和M.B.杨：《伊拉克和越南的教训，或者如何不从过去吸取教训》，新出版社，纽约市，2007。

2 G.P.舒尔茨：《改变了的世界：2004年2月11日在国会图书馆的演讲》，美国国会图书馆，华盛顿哥伦比亚特区，2004年。

关系的发展。[1] 从长远角度来看，尊重和善意的方式更有可能带来和平与合作。伴随着许多毁灭性的战争，世界历史中包含了许多国与国的条约和协定。外交的核心是愿意妥协：尊重对方的利益并做出让步。真正关心和平，想要改善人类状况的领袖，在情况允许的状况下都会选择这条道路。

例如，在第一次世界大战之前，19世纪的普鲁士政治家奥托·冯·俾斯麦通过一系列的巧妙结盟，让欧洲国家之间达到了权力的平衡。人们相信，在许多国家努力争取权力和影响力的时候，俾斯麦在欧洲动荡时期维护了和平。

然而，在俾斯麦之后的十多年里，欧洲陷入了战争的深渊。美国外交家和历史学家乔治·F.凯南称第一次世界大战是20世纪的“重大灾难”，它为第二次世界大战垫平了道路。现在普遍认为，一战是领导和外交失败的恶果。[2] 如果欧洲领袖们采取周全措施，本可能阻止1700万人的死亡，也可以避免欧洲大陆的满目疮痍。和当今许多历史学家一样，温斯顿·丘吉尔相信，如果国

1 S.博克：《和平战略：人类价值观和战争威胁》，万神殿书局，纽约市，1989年。

2 G.F.凯南：《俾斯麦欧洲秩序的衰落：法俄关系，1875年–1890年》，普林斯顿大学出版社，普林斯顿市，新泽西州，1981年。

际社会共同努力遏制希特勒，就可以避免第二次世界大战的爆发和6000万人的死亡。[1]

爱的基本原则适用于所有的人际互动，从个人到全球范围。这个星球是我们的家园，人与人之间休戚相关：虽然有东西让我们分离，但让我们团结在一起的东西更多。记住这些大有裨益。的确，大多数人都心怀善意，希望和平地生活：避免冲突是一种有助生存的进化冲动。

这是否意味着所有人都是好人？诚然，世界上许多人有时会做出无礼、自私、贪婪的举动。我们也许无法改变他们的做法，但我们可以控制自己的行为，并与同道中人结盟。以完整性为导向，总是能够鼓舞他人，因为它符合我们最强大的内在进化目标：为了物种的生存，要团结，不要分裂。

显而易见，人类对我们的星球有着灾难性影响。我们用垃圾和污染物淹没地球，毁灭与我们共享地球的其他物种。神赐予我们一个天堂，可看起来我们正竭尽所能将它变为地狱。对个人来说，推卸责任轻而易举，停止破坏却举步维艰。在某种程度上，

1　理查德·M.兰沃思：《丘吉尔和可避免的战争：第二次世界大战本可避免？》，伟大空间独立发布平台，电子书，2015年。

我们都是破坏的同谋。

实现有效变革的第一步，是认识并承认我们对世界所做的一切。爱需要我们珍惜其他生命。自己不爱别人，就不能指望别人爱自己。爱包含尊重生命，滋养生命，在每一个存在中发现奇迹。为了在生活中拥有爱，我们需要去爱这个世界。利用他人、动物或者环境可能会带来物质上的收益，却会妨碍我们自身的幸福。

第十二章　爱与人的差异性

人与人之间的差异甚为微小，无足轻重。要将他人看作同胞，而不是看作某个国家、种族、宗教或者任何其他群体的成员。

人类大同小异，但我们却常常认为自己与众不同。这些对差异的不同看法可能会给爱制造障碍。有些人我们爱起来轻而易举，特别是我们的子女，还有那些爱我们的人。我们从某个人那里得到的爱越多，就越容易去爱那个人。不过，正如耶稣所问："你们只爱那些爱你们的人，有什么可嘉许的呢？就是罪人也只爱那些爱他们的人。"（路加福音6：32）

我们通常也很容易喜欢那些与我们有很多共同点的人，还会把他们当作我们社会群体的成员。渴望成为群体的一员，是一种强大的人类冲动。群体成员的资格赋予个人力量、重要性和潜在的地位。[1] 尤其对于那些自尊心受挫的人来说，这些都是极具吸引力的特质。群体提供了这些东西，我们就会对群体成员感到忠诚，有时候还会非常喜欢他们。不过，我们可能会认为群体之外的人和我们不一样，不一定值得去爱。

当然，谁属于群体，谁不属于群体，很大程度上取决于我们的看法。举个例子，假设有两个美国小镇，他们分别支持不同的球队，这两个球队之间是宿敌，那么两队的球迷就可能相互充满

1　H.泰弗尔：《社会认同和群体间人际关系》，剑桥大学出版社，剑桥市，1982年。

敌意。然而，在异国他乡偶遇时，同一批人可能会欣然欢迎对方。他们把对方看成美国人，而不是宿敌球队的支持者。从这个角度来看，他们甚至会认为，为了对球队的忠诚而相互充满敌意太蠢了。他们所感知到的共性（拥有共同的国籍），也许会战胜差异。

国籍是一种强大的群体特征。虽然它标志的是对国家及同胞的忠诚和无私这样的积极情感，但它也可能导致对其他国家成员的傲慢和仇恨。这种世界观常常让我们忘记，我们都生活在同一个星球上，是一个大家庭。2000多年前，当被问及从哪里来时，锡诺普的第欧根尼回答说："我是一个世界公民。"[1] 如果更多人能够接受这种观点，那么世界上的敌意就会少许多。

为当地球队、家乡或者祖国感到自豪并没有什么错。成为任何一个群体的成员都能给我们带来信心和喜悦。然而，健康的爱国主义有自知之明：它接受小团体融入到大群体中。

想象一下外星人降临地球，就能感受到人类领域行为的疯狂程度。经历了多年的旅行，参观了众多的星系，外星人到达了银

1　第欧根尼·拉尔修：《哲人言行录》，C.D.杨格译，H.G.博恩出版社，伦敦市，1853年。

河系，他们看到一个闪闪发光、不可思议的蓝色星球。当他们更加接近时，看到了难以置信的壮阔美景：无处不在的水域、五颜六色的植物、树丛中的累累果实、形态各异的动物、绚丽多姿的地貌。真的，这看起来是最接近天堂的地方。

然后，他们发现人类控制着这个世界。让外星人惊讶的是，人类并没有享受这个世界所提供的无穷乐事，而是把地球划分成一块块区域，称之为国家，他们为了控制这些区域相互征战杀伐。一个国家的人鄙视另一个国家的人，尽管除了地图上随意刻画的线条之外，他们之间并没有区别。他们崇拜不同的神，每群人都声称自己崇拜的是真神。他们利用动物和植物，污染赖以生存的土地和水源。外星人必然得出这样的结论：这些地球人是他们能想象得到的最愚蠢、最不成器的生物。他们共享一个美丽得令人难以置信的天堂，却做了诸多恶事去破坏它。

人与人之间的差异甚为微小，无足轻重。要将他人看作同胞，而不是看作某个国家、种族、宗教或者任何其他群体的成员。记住这些有助于改善我们的世界。这些差异只是我们的看法，只存在于我们的头脑中，是教育和环境的结果。和我们施爱时要做的一样，我们必须持续努力才能乐善好施，关爱他人。通过这样做，我们就会认识到，视世界各地的人为异类是多么荒谬。尽管人类无疑面临着生存空间和资源方面的挑战，可是如果有一个共同的战略，我们成功的机会就会增加。

我们许多人原则上同意应该接受并尊重他人，可一谈到“敌对”国家的公民，我们就变卦了。我们会立刻开始归纳生活在那里的人的性格和价值。如果我们试着站在别人的角度看待事物，会有助于我们不陷入刻板印象和偏见的陷阱。后退一步，可以让我们从更广阔的视角审视同一状况，改变我们的态度。没有一个国家的国民全是坏人。也许一个国家的统治者对他人怀有敌意，但是这个国家的居民，就和其他所有人一样，都想要过和平的生活。

当今，接纳他人是最重要的。越来越多的亚洲、非洲和中东移民涌入西方国家，而在美国和西欧，欧洲人的后裔可能很快就要成为少数民族。来自不同背景的人带来了新的观念，这种多元化具有巨大的社会和经济增长潜力。经济学、社会学、心理学和流行病学的研究表明，社会多元化的群体比同质化的群体更具创造力。[1] 在儿童和青少年时期就接触到社会多样性的人，有可能

1　凯瑟琳·W.菲利普斯：《多样性如何使我们变得更聪明？》科学美国人，2014年10月1日，www.scientificamerican.com/article/how-diversity-makes-us-smarter/。

取得更高的学术成就。

社会多样性也会丰富社会文化。最明显的例子就是移民带来了新的菜系。没有中国、印度、日本、墨西哥，中东和其他菜系的影响，很难想象今天的西餐会是什么样子。

尽管如此，许多人还是怀疑多样性的好处，公开敌视移民。当移民不是为了寻找更好的生活，而是绝望地逃离战争、压迫或其他类型的灾难才背井离乡时，这种情况就尤为凄惨。接收国中的一些人可能会因为少数移民心怀恶意，就带着怀疑和敌意看待所有移民。然而，同样的道理也适用于我们每天打交道的人，适用于邻近城市的人。我们该不该因为担心这些小小的风险，就不做正确的事情？就不欢迎移民和难民？

德国有一个小镇叫吕肖夫，大约有7000多位居民。这是一个典型的德国小镇，风景如画，古色古香，有许多砖木结构的房屋，还有漂亮的教堂。2015年夏天，政府几乎在一夜之间为550名难民建立了一个营地。很快，难民的数字攀升至700多名，占到了该镇人口的十分之一。大部分难民来自叙利亚或伊拉克，其中有许多带着孩子的家庭。不难想象，大量涌入的外国人会让这个小镇的居民感到不安，他们有着不同的文化和宗教信仰，也不会说德语。

当德国的其他地方因为政府接纳了数十万难民爆发大规模抗议时，这个小镇采取了截然不同的做法。从第一天起，它就热情地欢迎了难民。吕肖夫的居民聚集在街头，不是为了抗议，而是排队为难民提供帮助。事实上，当地政府从居民那里收到的唯一抱怨是，他们支援难民的想法没有得到充分的认可。第一批难民到达的当天，镇民们送来了鲜花，唱起了歌谣。镇民们设立了各种提供财务支援的项目，让难民融入到小镇的社会和教育活动，还帮助难民开商店，做其他买卖。学生们邀请少年难民加入他们的足球队，教他们如何滑冰。人们利用社交媒体组织难民融入，改变难民的思想，帮助难民轻松地过渡到新的生活。

吕肖夫的人民尊重难民的文化和宗教差异。他们帮助难民组织伊斯兰节日的庆典，提供礼物和食物。难民们通过尽力服务新社区，努力回报他们得到的善意。

吕肖夫的人民本可以屈服于对社区改变的担忧，或是对新来者的憎恨。然而，他们选择拒绝这些担忧，专注于向难民传达爱。他们没有视难民为入侵者，他们看到了需要帮助的人，张开了双臂。因此，他们充实了新邻居的生活，也丰富了自己的生活。

是否有一些难民辜负了接收国，还犯下了暴行？是的，和某些本地公民做的一样。尽管难民历经艰辛，穷困潦倒，但从犯罪统计来看，难民并不比当地人更暴力。[1] 不过研究表明，如果人们遭遇社会边缘化，他们就可能变得更有敌意甚至偏激。吕肖夫的例子表明，如果我们的目标是融入而不是排斥，这样的风险就会很低。

---

1 希瑟·霍恩：《对难民的恐惧从何而来？》，大西洋月刊，2016年4月27日，www.theatlantic.com/international/archive/2016/04/refugees-crime-rumors/480171/。

第十三章　爱与幸福

因为人们在无忧无虑的状态下更容易感到幸福，所以身体健康、生活有质量、经济有保障有助于我们把注意力放在人际关系和爱上。

大部分人都会同意，获得幸福是一个重要目标。可幸福是什么呢？和爱一样，幸福没有明确的定义，它在不同的语境中有不同的含义。一般来说，生活中的幸福并不仅仅是指短暂的快乐，而是指我们对生活的期望已经实现了多少。幸福取决于个人的心态和对自我价值的看法。尽管境况类似，有些人很满足，而有些人则很痛苦：有些人认为杯子是半满的，有些人则认为杯子是半空的。因此，我们如何确定对生活的期望，对实现满足至关重要。[1]

我们对幸福的看法是否受到基因的影响？最新的基因研究涉及了许多国家，涵盖几十万人。研究确实发现了与更高的生活满意度相关的基因，还有其他与抑郁或神经质有关的基因。[2] 当然，这并不意味着我们的幸福完全取决于基因。就像许多遗传易感性一样，这表示不同的人也许会发现自己天生更容易或更难感到幸福，但是，我们的情绪观受到环境和自身努力的强烈影响。

1　丹尼尔·吉尔伯特：《撞上快乐》，克诺夫出版社，纽约市，2006年。

2　A.欧克蓓、B.M.巴萨尔曼斯、J.E.德·尼夫、P.特利、M.G.内瓦德、M.A.丰塔纳、S.F.梅登斯等人：《通过全基因组分析确定的与主观幸福感、抑郁症状和神经质有关的遗传变异》，自然遗传学杂志，48期，624–633页，2016年。

有天赋的短跑运动员赢得比赛的几率看来要大于身体素质差的人，但后者可以通过多训练和更勤奋来弥补。

在《幸福之路》一书中，伯特兰·罗素探讨了不幸福的模式，以及在生活中得到幸福的人的案例。罗素认为，诸如嫉妒、对权力或名誉的渴望，以及对外部世界的冷漠等，是不幸福的根源，反映了我们自身与世界的冲突。[1] 另一方面，他认为与世界融合是获得幸福生活的主要途径。

什么叫与世界融合？它意味着个人利益与他人利益融合到了无法区分的程度。一个人的内部世界与外部世界并不是分离的，而是绵延不息的生命长河的一部分。融合消除了对自我的担忧，也消除了对死亡的恐惧，因为其他的生命、过去、现在和未来都是自己生命的一部分，反之亦然。这一观点类似于佛教的涅槃，或者许多宗教的目标“与神合一”。罗素的观点再次肯定了无私和爱是满足和解脱的根源。

这些目标值得我们去奋斗，但只有少数人能够完全实现。心理学家卡尔·荣格发现了更具体的幸福元素：良好的身心健康、良好的人际关系和亲密关系、从艺术和自然中感知美的能力、适

---

1 罗素：《幸福之路》。

当的生活水平，满意的工作，以及一种能够应对生活起伏的哲学观或宗教观。[1]

荣格的建议为其同时代的社会提供了更加实际的指导。尽管无私奉献的人生能带来无限的幸福，但对大多数人来说，把努力去爱、尽量无私与从多种渠道获得幸福结合在一起更为现实。因为人们在无忧无虑的状态下更容易感到幸福，所以身体健康、生活有质量、经济有保障有助于我们把注意力放在人际关系和爱上。

通过艺术和工艺发挥创造力是幸福的一项来源。弗洛姆认为，从创造力中获得的满足感来自于我们和作品合一的感觉，这给我们一种延续感，还有为社群做出贡献所带来的满足感。因此，创造力和爱有一些相同要素，这也许可以解释它带给我们的一些充实感。

荣格的幸福秘诀的根本原理与罗素的融合模式非常一致：专注于人际关系，感恩我们的环境，带着敬畏与世界互动。这些要素背后的力量是爱。

1　R.F.C.赫尔主编：《荣格说：会面与采访》，450–451页，普林斯顿大学出版社，普林斯顿市，新泽西州，1987年。

即使面对逆境，正确的关注点和态度也能减轻我们的痛苦。我的朋友科斯汀总是能“做正确的事”，常常帮助他人。科斯汀生来积极乐观，人们乐于和她相处。虽然如此，她对别人的关心和体谅却往往得不到回报。她朋友虽多，可在寻找人生伴侣的路上却满是苦涩的失望。在30多岁的时候，她患了一种病，断绝了生儿育女的希望。

科斯汀的职业生涯也充满了挫折。她攻读了一个非常有竞争力的专业，获得了学位，但多年来做着技术含量很低的工作，等待着机会去从事她梦想的职业。45岁左右时，尽管还有一份兼职，她仍然和母亲住在一起，在零售业工作。

用我们的社会标准来看，科斯汀的生活里全是失望。有生以来，科斯汀都充满爱心，对人友善，可看起来这并没有帮助她过上幸福美满的生活。还是说她已经过上了？因为科斯汀的注意力集中在她的幸运而不是不幸上，她很幸福。她爱她的父母、哥哥，还有朋友。她周游世界，享受不同文化和不同地方的生命奇迹。

成功没有绝对的标准，它完全取决于我们自己的价值观和看法。我们越不在意外界的标准，就越容易感到满足。如果我们以外界的基准来衡量自己的生活，又没有达到那个水平，就是在自找失望，自寻烦恼。

根据社会的标准，比起那些在生活中更走运的人来说，科斯汀可能要更努力，才能保持心中有爱。通过专注于生活中许多美好的事情，她已经获得了幸福。尽管职场情场双失意，她还是选择乐观而不是绝望。

珍爱生命的重大困难之一，是注意力太容易分散。生活中充斥着太多的责任和日常琐事，所以我们常常没时间去反思、去欣赏我们的存在之美。试着后退一步，从远处打量我们的生活，对我们大有帮助。我们也许会觉得，我们让自己一心想着职责和义务，却无暇领会活着的福气，实在是荒谬可笑。

第十四章　爱与健康

在爱的艺术上投入时间是一项明智的投资。我们不仅直接提升了自己的幸福感，还能变得更加健康，有机会活得更长久更快乐。

爱不仅能让我们生活得更幸福，还能让我们活得更长久。美满的婚姻可以让人更加健康，而紧张的人际关系会增加人的压力，提高患病的风险。[1] 一项涉及数十万人的研究分析表明，良好的社会关系与较低的死亡率相关。[2] 相反，社交孤立和糖尿病、高血压、吸烟一样，同为最主要的高风险致死生理因素和生活方式。

这种关联并不能证明它们之间存在因果关系，因为我们无法判断促进长寿的是人际关系本身，还是与人际关系相关的其他因素。例如，因为婚后饮食或卫生习惯会更好，所以可想而知结婚有益于健康。也有可能是因为更健康的人，或者不良习惯（例如滥用药物、酗酒）较少的人，本来就更容易结婚，如此一来，分析结果就不准确了。然而，对这些因素进行控制的研究也显示了类似的结果：婚姻幸福的人死亡率较低。[3]

另一方面，多种器官功能障碍和疾病与不幸福有关。即使是

1　T.F.罗伯斯和J.K.凯寇尔特–格拉泽：《婚姻生理学：通往健康之路》，生理学与行为杂志，79期，409–416页，2003年。

2　J.霍尔特–伦斯塔德、T.B.史密斯和J.B.莱顿·《社会关系和死亡风险：元分析评论》，公共科学图书馆·医学杂志，7期，e1000316，2010年。

3　T.F.罗伯斯、R.B.斯莱彻、J.M.特龙贝洛和M.M.麦吉恩：《婚姻的质量与健康：元分析综述》，心理学公报，140期，140–187页，2014年。

短暂的发怒也会增加心脏病发作的风险。[1] 一项关于社交孤立人群的免疫力研究表明，和社交多的人群相比，他们的免疫功能更差，压力也更大。[2]

在极端情况下，压力会导致健康危机。最近我们了解到，严重的情绪压力可能导致真正意义上的心力衰竭，这是一种被称为心碎综合征的严重疾病，目前，世界各地的医疗中心都经常出现这种症状。[3] 虽然导致心肌衰弱的确切机制尚不清楚，但我们知道，因为惨痛的分手、亲人过世、极度恐惧或焦虑而释放的某些应激激素，可能会引发这种综合征。幸运的是，很多患者几周后就康复了。

---

1 T.巴克利、S.Y.胡、J.法斯尼、E.肖、P.S.汉森和G.H.托夫勒：《愤怒引发急性冠状动脉阻塞》，欧洲心脏杂志：急性心血管护理，4期，493-498页，2015年。

2 S.W.科尔、J.P.卡皮塔尼奥、K.宗、J.M.阿雷法罗、J.马和J.T.卡乔波：《感知到的社会隔离中白细胞转录组动力学的骨髓分化体系结构》，美国国家科学院院刊，112期，15142-15147页，2015年。

3 I.S.维茨坦、D.R.蒂曼、J.A.利马、K.L.鲍曼、S.P.舒尔曼、G.格斯坦布里茨、K.C.吴、J.J.拉德、T.J.毕瓦拉卡和H.C.钱皮恩：《由突然的情绪压力引发的心肌梗死的神经体液特征》，新英格兰医学期刊，352期，539-548页，2005年。

大量证据表明，爱对众多生理机能有直接影响。[1] 一段充满爱的关系促进“爱的激素”后叶催产素的释放。后叶催产素有多种用途，最著名的可能是其在分娩后释放，促进母婴之间产生情感纽带。后叶催产素也和人际关系及其他人际互动中的依恋有关。目前人们正在研究其抗抑郁作用的临床应用。特别有趣的是，人们发现后叶催产素可能会降低激素皮质醇的水平。[2] 皮质醇水平的变化与睡眠不足、身体压力和情绪压力有关，而众所周知，皮质醇会削弱我们的免疫系统。因此，快乐的人际关系与较低的患病几率有关联，这并不令人惊讶。

良好的情绪健康能带来良好的身体健康。[3] 正如获得良好的身体健康要求我们运动一样，获得良好的情绪健康也需要训练。情感健康的“锻炼”包括定期有意识地努力去关注爱和人际关系，同时不再看重物质或职业目标。和体育锻炼一样，要培养良

1 B.迪岑和M.海因里希斯：《社会支持的心理生物学：压力缓冲的社会维度》，恢复性神经学和神经科学杂志，32期，149-162页，2014年。

2 J.J.勒格罗：《后叶催产素对人皮质激素功能的抑制作用：后叶加压素和后叶催产素是相反的神经激素吗？》，精神神经内分泌学杂志，26期，649-655页，2001年。

3 S.G.波斯特：《利他主义、幸福和健康：做好人有益处》，国际行为医学杂志，12期，66-77页，2015年。

好的情绪状态也许需要花费数月甚至数年的时间。这是因为在生命早期习得的不健康的思维模式，往往已经得到了数年甚至数十年时间的强化，它们很难转变。

在任何特定的时刻，我们都可以选择，是让我们的思想和行动被诸如愤怒、挫折、嫉妒、无聊这些情绪所左右，还是克服这些冲动，将爱付诸行动。如果我们选择爱，就会立刻感到平静和安宁，事情看起来也不同了。它可以迅速达到预期的效果。具有讽刺意味的是，我们的社会渴望即时满足，寻求各种各样一夜暴富、瞬间走红的方法——这基本上不可能——而与此同时，快乐心态带来的即时满足感人人唾手可得，却往往无人问津。

生命在于平衡。虽然我们无法控制自己的基因或者发生在我们身上的所有事情，但我们可以通过滋养自己的思想和身体，花更多心思在爱上，帮助自己得到幸福。这项任务需要专注和奉献，但成效令人瞩目。在爱的艺术上投入时间是一项明智的投资。我们不仅直接提升了自己的幸福感，还能变得更加健康，有机会活得更长久更快乐。

第十五章　爱与生命的意义

真正有爱心的人不会功利地施爱，他们不是为了得到爱，而是作为一个成熟健全的人，自然而然地去爱。

与动物的世界不同，人类具有理性，一直在思考我们在宇宙和更广阔范围中的意义。我们属于自然界还是凌驾于自然界之上？我们是造物主宏伟版图的一部分？或者只是偶然的产物？存在的真正意义是什么？究竟有没有意义这回事？尽管现代科学给了我们许多关于人类起源的答案，但它并没有让我们更理解自身形而上学的存在。我们对生物学的了解已经有了长足进步，但是仍然很难把握我们存在的意义。

在人类历史上，哲学家、宗教学者和创作性的艺术家都在不断地与这个问题较劲。虽然他们的结论大相径庭，但有一点相当一致：他们都相信，达到无私境界可以减轻人类的苦难，这种信念有时候也被称为“灵魂的解放”。我们通过战胜利己主义的本能来达到内心的平和。

进化生物学和心理学再一次为这种现象提供了一种解释。因为维持物种存续冲动的地位比援助个体冲动高，所以来自前者的强化反馈更强烈，更持久。这样，所有对我们存在目的的理解——包括“我们是造物主精心设计的智力或精神方案”这种解释——都受到了一种听上去有些冷酷的论点的挑战，即我们的存在只是为了物种的延续。

就算是这样，如果我们按照生物程序行事，善待他人，就能与自己的身体和谐相处，感到满足。与之相反，除了关心自身幸福之外的利己行为会给我们带来冲突和痛苦。即使我们无法解释生命本身的目的，也可以把毕生时间用在和人类本性的内在意图保持一致上。

最终，我们需要自己决定生命的意义。对许多人来说，爱就是答案，爱带给他们幸福美满。然而，真正有爱心的人不会功利地施爱，他们不是为了得到爱，而是作为一个成熟健全的人，自然而然地去爱，或者用佛陀的话来说，“已经开悟”。

当我们学会控制贪婪和自私一类的冲动后，爱就能自由生长，我们就能体验到给予爱带来的满足和幸福。父母们都知道，仅仅看着子女就会产生一种强烈的喜悦感。他们可能会给我们带来大量的辛劳、悲伤以及困难，可是，和我们看到孩子眼中的快乐、听到他们的欢笑声时所感受到的幸福相比，这一切都不算什么。给予别人幸福是一项伟大的礼物，再多的财富、再大的名声都比不上这种满足感。

任何人都能在生活中找到目的和意义。我们的成功极大程度上取决于我们愿意付出多少努力和专注。爱需要的投入与专注和生活中其他宏伟目标一样多，在这个意义上，爱不是免费的。好消息是，如果我们真心想得到爱，并且愿意把爱看得比其他目标更加重要，我们就能拥有它。

确定生活的目标与获得幸福和满足息息相关。通常，生活中的重大事件会推动我们去反思生活的目标。对我来说，这件大事是儿子卢卡的出生，或者严格地说，发生在他就要出生之前。我的妻子丹尼斯怀卢卡的时候，我们接到通知说，有些常规产前检查的结果超出了正常的范围。后续的检查显示，卢卡患有21-三体综合征即唐氏综合征的可能性更高了。为了得到确认，并且为这一可能的事实做好准备，我们决定做一次羊膜穿刺术。医院邀请我们和遗传咨询师见面，讨论检查结果。

我下班后直接赴约，有点儿迟到了，进去的时候丹尼斯正在和咨询师交谈。我永远忘不了他们看着我，确认结果时脸上的表情。咨询师离开房间，让我和丹尼斯有时间消化这些信息。我们拥抱彼此，有一会儿说不出话来。事后，我带着羞愧回想起来，我感到了悲伤和失落。我的脑袋里想的全是：以后不能和儿子分享我的生存智慧了，因为唐氏综合征带来的智力障碍，很多概念他都无法理解。我很害怕，我和他永远不能进行智力上的交流。

过了一段时间我才意识到，不去问这个诊断结果对他的人生意味着什么，而只担心我自己无法满足的期待是多么的自私。卢卡促使我思考人生的意义。高智商是美好生活的先决条件吗？当然不是。

虽然生命的价值也许没有单一的标准，但重要的是，我知道卢卡还有可能体验到幸福。既然他的诊断结果并没有显示他接受爱、给予爱的能力有损伤，那么他就有幸福生活的能力，我最初的悲伤反应很不合理。

丹尼斯早在我之前就得出了这个结论，于是我们做好准备，张开双臂迎接卢卡来到我们的生命中。从那时起，卢卡就一直在给我们上爱的课。他对家人和朋友的亲密、对身边人幸福的密切关注、他惊人的无私和神奇的快乐能力，每天都激励着我们。我的妻子形容卢卡身上“洋溢着”爱，这个形容捕捉到了精髓。卢卡也许永远得不了奥斯卡奖，可是他的每一天，都是幸福生活的典范。

试图把握生命的意义是一项艰巨的任务，这项任务可能会引发焦虑或否定。焦虑的核心是面对我们终将死亡的事实，许多人无法忍受这点。除了否定之外，还有很多方法来应对我们终将死亡的事实。大多数方法涉及一种信仰，相信我们死去之后还会以某种形式继续生活。基督徒、犹太人和穆斯林相信，人死之后，灵魂会去往一个更美好的世界。印度教和佛教信奉轮回的观点。

在宗教衰落（尤其是在西方社会里）的同时，科学技术的影响增大，两相作用下，人们寻求其他的方法发掘生命的意义。不过，在没有精神社群或组织的帮助下，寻求答案也许会更艰难更可怕。近年来，中年人的自杀率上升，也许就和难以找到生命的意义有关。[1] 自行寻找答案需要我们有信心走自己的道路。

有些人通过追求名声来让自己对死亡安心。这种做法是基于我们死后还可以通过成就活着的理念，例如活在书籍、电影、音乐和体育成就中。

也许寻找生命意义和应对死亡最常见的方法是生儿育女。我们对子女的强烈情感纽带，至少有一部分是因为我们的生命可以经由他们的基因和记忆延续。随着孩子们的成长，我们看到自己的一部分重复着生命的循环，又看到它在孙辈的身上再次重演。我们从子女身上看到自己的样子和性格特征，甚至能看到我们父母的。见证生命的轮回是我们面对自身死亡时的一种安慰。

---

1 E.苏利文、J.阿内斯特、F.罗、T.西蒙和L.达尔伯格：《35–64岁成年人的自杀：美国，1999–2010》，发病率和死亡率周报，62期，321–325页，2013年。

爱是一种能量。一句暖心的话语或者一个体贴的举动——哪怕是发生在与陌生人的短暂邂逅中——都会让我们感觉内在温暖而充满活力，也更愿意去做爱自己的事情。一些人去世后，我们依然能感觉到，他们的爱在传递给我们能量，指引我们正道。当我们死后，我们的爱和慷慨会通过我们认识和所爱的人延续。当我们知道自己已经成为世界上正能量的一部分时，就会感到欣慰。

因此，爱直接治疗了我们对于死亡的恐惧。爱的最高形式是做到无私，与我们周围的世界完美结合。当我们达到这种境界时，个体的存在就不再重要，因为我们把自己看作永恒生命之流的一部分。对此现象，另一种观点是全然的爱——这里指的是爱别人——消除了所有对自己的担忧，包括对死亡的恐惧。

确定我们的个体目标很大程度上受我们自己控制。在西方社会，成功和目标通常是用金钱、权力、名誉来定义。成为一家大公司的首席执行官、一位电影明星、或是一位杰出的运动员会带来巨大的个人满足感。可是，除非把雄心壮志和利他主义相结合，不然很难得到长久的满足。

《公民凯恩》是有史以来最受好评的电影之一，它讲述了一位美国大亨的兴衰史。他由报刊业发家致富，但最终一个人孤独而心碎地死去，终身都没有从童年时缺乏爱的创伤中恢复过来。临终前，凯恩说的最后一个词是“玫瑰花蕾”，他回忆起那副有着玫瑰花蕾图案的雪橇。当刚刚富裕起来的父母告诉他，他们要把他送去接受良好教育时，他正兴高采烈地玩着那副雪橇。雪橇代表了舒适、爱和纯真，那些因为父母对他职业规划的野心，迫使他失去的东西。即使是冷酷无情、成功富有的凯恩，到了人生尽头也发现，如果没有体验过爱，财富毫无价值。

为了寻找生命的意义，我们可以想象自己的生命到了尽头，什么会让我们在临死前觉得“这辈子没白活”？如果我们对人们的生活产生了积极的影响，如果我们的家人和朋友感受到了我们的爱和关怀，他们的生活就会因为我们而变得更加充实和幸福。知道我们的爱让世界变得比我们出生之前更美好了一点儿，我们也许会带着幸福离开人世。

我的一个朋友曾在一家医院的肺癌病房工作。她遇到过很多只剩下几周寿命的病人。几乎所有的病人在回想人生时，都会懊悔没有花更多的时间和他们爱的人在一起。如果人生可以重来，有件事他们想要改变，那就是少花点时间在工作上，多花点时间与家人和朋友在一起。太晚才知道正确的选择总是让人感到悲哀。幸运的是，对我们大多数人来说，还有时间重新考虑什么才是头等大事。

第十六章　掌握爱的艺术

爱的艺术的原理其实相当简单：我们需要做的只是避免利己冲动，持续专注于有爱心的想法和行动。我们不该把自己看成一座孤岛，而应该把自己看作人类的一份子，生命的一部分。

恨易，爱难。万事万物皆是这样运作。好事多磨，坏事易成。

——佚名

爱能学得会吗？从原则上来说，可以，但是有几个重要条件。爱需要对自己、对生活有一种积极包容的看法。弗洛姆宣称，只有一个发育成熟的人才有能力真正去爱。这种成熟指的是自我接纳和克服自恋。爱需要谦逊，如果我们把自己看得高人一等，就不会真正地关心其他人的幸福安康。最后，爱需要感悟和敏感，去发现所爱之人获得幸福安康需要些什么。和掌握任何一门艺术一样，学会爱需要专注、自律、耐心。爱的艺术的原理其实相当简单：我们需要做的只是避免利己冲动，持续专注于有爱心的想法和行动。我们不该把自己看成一座孤岛，而应该把自己看作人类的一份子，生命的一部分。

实际操作起来，保持对爱的持续专注相当艰难。我们来试着做五分钟看看。就花五分钟时间，注意你脑子里冒出的想法或冲动。试着把注意力放在你爱的某个人或某样东西上。你的伴侣或孩子今天过得怎么样？你能不能做些什么来让他们更高兴一点？他们喜欢什么？最近你有没有对他们说过好听的话？

每当你的思想从专注爱上开小差时，记下来。你有没有去想今天晚些时候的足球赛？要去办的杂事？你的工作？和朋友出去玩？评估你的想法是自私的还是有爱心的，也就是说，是不是为了他人的幸福安康。

你可能会发现，即使是这么短的时间，也很难保持注意力。当我们意识到，掌握爱的艺术需要我们醒着的每分钟都专注于爱，就会明白这是一种什么样的挑战了。

为了爱拒绝利己冲动，有助于获得幸福。一些宗教有着类似的戒律，它们的虔诚信徒已经达到了深层次的满足状态。换句话说，如果我们能够控制住自私的冲动，全然地爱，我们就能得到幸福。这千真万确。

考虑一下，有一种已证实的方法，可以确保获得永远的幸福。任何人都可以做到。没有任何花招。为什么大家还没有排起长队等着要呢？因为实现的过程相当艰难。生活中所有的重大成功都来之不易。

我们有一个选择。任何时候，我们都可以调整自己的轻重缓急。我们可以把人生的大部分时光专注于工作来获得社会所定义的成功，然后有可能会对此感到满意，只是有可能而已。我们也可以把时间用来发展对爱的专注，然后肯定能获得幸福。看起来是个简单的选择。这也意味着，任何真正想要获得幸福的人，都可以得到它。我们要做的只是付诸努力。

满足感来自于大脑处理想法、行动和事件的方式。不同的人对相同的事反应不同。举个例子，假设有两个司机开车时被追尾了。一个司机因为财产受损，愤怒地跳出来尖叫，而另一个则为没有人受伤感到庆幸。一个人可能把高尔夫球场上的推杆失误看作是个人的失败，而另一个人则一笑而过，觉得只是运气不好。同一件事情，我们可以认为它是美好的，也可以认为它是糟糕的，人生也是如此，完全在于我们的选择。然而，如果我们想要把它看作美好的，就需要付出努力。

爱的关键成分是专注。在爱中，我们的思想专注于另一个人的幸福安康。有时候这样做很容易，可当我们的脑子里全是竞争性需求时，这样做就很难。如果我带着专注于爱的念头看着妻子，就会主动去想办法改善她的生活，减轻她的负担，让她感受到爱。如果我没有带着这样的念头看着她，那么我就可能会因为想到工作、娱乐活动或别的事情而分心。保持对爱的专注，意味着我们会一直关心所爱之人的幸福安康，同时仔细权衡自身的需求。

几个世纪以来，人们发展了各种技巧来维持对爱的专注。佛陀教导我们用正念和冥想来提高做事的专注力。这些训练很有效果，直到今天还很流行。它们训练的内容包括让思维专注于当下所发生的事情，而不要一直评价这些事情。结果就是我们能够控制自己的冲动，战胜干扰，让爱自由地生长。我们要每时每刻都体验生活，而不是一直思考它。然而，和学习专注于爱一样，正念的训练也很艰难。尤其是正式的冥想，它并不适合所有人：冥想需要每天静坐很长一段时间。许多人觉得无法在日常生活中坚持这件事。如今，冥想教师传授的练习更容易融入人们的日程安排，比如在智能手机应用程序的帮助下进行短暂的冥想，或者步行冥想。

另一种学会无私的行之有效的方法就是祈祷。大多数宗教的祈祷都专注于爱，一般是对上帝的爱。祈祷的本质目的和正念训练一样，是教会我们控制冲动，它也需要类似的努力才能取得成果。有些人可能会发现，在没有灵性指引的情况下，祈祷比冥想更让人有动力：如果我们相信死后可以上天堂，或者有一个美好的来世，我们就更可能坚持到底。

尽管冥想和祈祷一类的练习能增强我们对爱的关注，可是它们通常只占用一天中的一小部分时间，我们大部分时间里还是要面对利己需求的诱惑。怎样才能学会时刻警惕自己的思想和行动呢？我们可以一步一步来，从每天花几分钟时间好好集中注意力开始。比如，每次开车的时候，我们可以花15分钟时间什么都不想，全神贯注地开车。可以从坚持10分钟或者5分钟开始，等有了进步之后，再把时间延长。我们可以利用一天中任意可自由支配的时间，比如排队，进行思维训练，提高对思想的认识。有些人喜欢每个小时设置一个闹钟，花一分钟时间专注于爱。在这短短的几分钟里，我们所思考的内容可能会有所不同，但总的来说都涉及思考如何才能让身边的人生活得更好。这些训练本质上都是正念训练，特别适用于爱的艺术。

哪怕仅仅略微意识到利己冲动的持续影响，都是朝我们的目标迈进了一步，我们立刻就能感受到它的效果。一旦我们拒绝了利己冲动，就会感到心满意足。我们只需要扪心自问，特别想做的这件事情是为了帮助自己，还是为了帮助别人，就能确定它是不是自私的需求。比方说，想去打高尔夫球，就是满足我们娱乐的需求（除非仅仅是为了取悦邀请我们的朋友而去）。尽管打一局高尔夫球完全没有错，可是我们必须意识到，它带来的满足感转瞬即逝。

与之相比，把时间花在诸如看望父母、带孩子出去玩、做家务等充满爱意的活动上，会带来持久的满足感，因为这些活动增加了他人的幸福感。显然，有些利己冲动必须得到满足，其中包括进食、饮水、睡眠。花时间锻炼身体、恢复健康以及充分休息也至关重要。然而，我们应该努力保持对爱的关注。

坏消息是，我们无法轻而易举就保持对爱的关注。冥想、祈祷和正念训练往往都需要数年的练习才能掌握。每个人都必须找到最适合自己的方法，而所有方法都需要自律和耐心。我们是否能够成功，能达到什么境界，很大程度上取决于掌握爱的艺术对我们来说有多么重要。如果我们把它当成头等大事，就会取得长足进步。好消息是，随着不断练习，它会变得愈加简单。

许多人会觉得整个过程听起来很可怕，与爱带来的轻松自在感截然相反。不幸的是，爱有魔力指的并不是它轻易地降临到我们身上，永远不会改变。爱有魔力，因为它是生命奇妙的核心的力量。

我们还可以把这项任务看成是选择通往幸福之路的绝佳机会。专注爱需要付出努力，但是付出的努力一定会有回报。这就像学习骑自行车：一开始很困难，还需要我们集中精神，可一旦我们掌握了技巧，就可以完全不假思索地骑车。

我们倾向于沿着阻力最小的道路前进。即时满足感的诱惑令人难以抗拒。当我们愤怒时，咒骂或是把怒火付诸行动很解气。

当我们有攻击性时，集中所有力量去施暴似乎有大权在握的感觉。当我们有欲望时，进行性行为会畅快淋漓。屈服于这些冲动很容易，可是它们只会带来短暂的满足感，而且有时候还会妨碍我们体验到持久的爱。

从长远角度看，利己冲动其实是有害的，起不到自我保护的效果。当我们顺应冲动去过量进食，去看电视而不去锻炼身体时，就可能会让自己增加患上肥胖、糖尿病、高血压和心脏病的风险。以自我为中心是鼠目寸光的行为，而无私的爱会为给予者和接受者带来持久的回报和好处。

人类进化最重要的提升之一，是有能力预见自身行为带来的长期后果。这种能力让我们可以控制住攻击性或愤怒的冲动：我们能够在它们提供的短期满足感和关注爱所获得的长期满足感之间权衡取舍。

然而，即使有了这种理性的能力，大多数人依然发现很难控制住自己的冲动，并不是每次都能成功。这有可能是因为我们处在一个进化的过渡时期，正在从受本能所驱动的生物进化成可以控制本能的生物。未来的人类也许可以通过童年时期的训练，学会完全控制住自己的冲动，这可能会让世界上的人都变得幸福有爱——所有人的涅槃。

爱是许多与生俱来的冲动之一。然而，只有其他竞争性的冲动得到控制，爱的能力才能充分发展。从童年时期开始，当我们第一次发展出自我意识时（这是我们认知成长的一个重要里程碑），大多数人都发展出了需要得到满足的利己需求。虽然幼儿也表现出利他主义倾向，但如果这种能力要得到发展，就必须得到鼓励。[1]

我们还不清楚在没有父母引导的情况下，爱的能力能发展到何种境界。和很多需求与冲动一样，这种能力因人而异。我的儿子卢卡有唐氏综合征。似乎带有这种基因的个体不太以自我为中心，对他人更慷慨——这个观测结果可能表明，利他主义受到遗传因素的影响。

事实上，有证据表明，进化生物学中存在着与利他主义相关的基因群。[2] 有些人控制自私的冲动要比其他人更难。举个例子，有些人天生争强好胜，当事情不如意时，他们就很难控制住自己的脾气。另一些人则更加平和，他们似乎本能地倾向于为了

1　F.沃纳肯和M.特龙贝洛：《儿童和黑猩猩的多种利他行为》，认知科学趋势学刊，13期，397–402页，2009年。

2　G.J.汤普森、P.L.赫德和B.J.克雷斯皮：《基因潜在的利他主义》，生物学快报，9期，6号，20130395，2013年。

他人的利益而抑制自己的利益。然而，和大多数遗传素质一样，与生俱来的冲动可以通过我们自身的调节和外部环境的影响得到很大的改变。

卡琳在我工作的医院当行政助理。我认识她十年以来，从来没有见过她生气、郁郁寡欢、不快乐。她总是面带微笑地和人打招呼，真诚地关心别人。如果你境况不佳，她会尽力帮助你。她似乎有无穷无尽的精力去帮助有需要的人。了解她的人说她一直都这样。卡琳能这样做是因为她生来就有一颗金子般的心吗?

卡琳说她并非生来如此。和很多人一样，她过去脾气暴躁，有时甚至会大发雷霆。一天，她和女儿为了一些琐事大吵一架，之后好几周没有说话，卡琳甚至因为压力患上了偏头痛。最终，卡琳意识到她们的做法很荒谬，于是她向女儿道歉（尽管两人都有过错）。从那天起，卡琳决定永远不再让愤怒控制住自己。她说："生命太短暂了，没时间浪费在这些无聊的事上。"从那以后，她就一直专注于生活的积极方面。面对屈服于挫折或悲伤的诱惑，每次她都选择爱生活，爱他人。

环境对于培养我们爱的能力至关重要。充满爱意的父母会奖励孩子的任何无私举动，从而将无私与愉快的结果联系起来，强化爱的行为。控制以自我为中心的冲动是一项终生的挑战。无论是否有意识，我们都不断地在各种冲动中做选择。在交通拥挤的情况下，我们可能会想要插到另一辆车前面，占据领先位置。当老板无缘无故地训斥我们时，我们可能会感到愤怒，产生攻击性。

通过童年时期的教育、有意识的反思，或者经验，我们知道拒绝利己冲动实际上比顺应它们更有好处。人们常说智慧随着年龄增长，这在很大程度上要归功于人们学会了克制以自我为中心。

要掌握爱的艺术，我们必须把它当作生命中最重要的事情。爱是一朵娇嫩的花，需要滋养和呵护才能绽放，缺乏悉心照料很容易让它凋零。

不管我们多么努力尝试，也很少有人能够像耶稣或佛陀那样，真正掌握无私的爱。对大多数人来说，无时无刻地控制自私的冲动太难了，爱那些本身就毫无爱心的邻居也太难了。我们为什么要对那些不体谅我们的人友好呢？我们不也有权利守护自己内心的平静吗？

有些人甚至认为太有爱心是一个缺点，也许会受人利用，任人欺凌。事实上，有些人可能会这样做，他们甚至会认为我们任人利用太愚蠢太天真。这种可能性似乎令人无法容忍。然而，爱的艺术的大师们会说，那些利用我们的人只会给自己带来痛苦，因为他们得不到幸福。相反，保持对爱的专注能让我们永远幸福。这是我们的一个生物学功能。

尽管如此，许多人发现，只爱那些我们认为值得爱的人更为实际。然而，我们需要意识到，放任自己沉溺于愤怒或憎恨中，代价是自己的幸福。憎恨会剥夺我们的满足感。如果我们拒绝去爱，或者只选择性地去爱，就永远无法真正掌握爱的艺术。

当然，不是每个人都想变成爱的大师。我们也许并不想成为圣人，也许会觉得一直努力地做到无私会剥夺很多乐趣。确实，许多人认为人生的起起落落是生活的重要组成部分，不是每个人都致力于消除所有的疼痛和苦难。好消息是，我们不需要做到极致。这是我们自己的选择，没有人强迫我们要一直练成大师的水平。每个人都可以找到最适合自己的“中庸之道”。

然而，我们也要记住，每一份努力都有收获。即使我们每天只花几分钟时间，提醒自己爱的重要性，也是在这条路上又迈出了一步，这几分钟的时间立刻就有了回报。一旦我们能够正确地判断优先顺序，就会感到更加满足。

早上走出家门时，所有必须完成的事项潮水般涌入我们的心中。但如果我们仔细地审视这些任务，紧张和压力就会减轻。这些任务对我们的生活来说有多重要？如果什么都不做，会发生什么？生命中真正重要的事情是什么？很明显，我们所紧张的事情中很少有至关重要的。真正重要的是所爱之人的幸福以及我们和他们共度的时光。

每天早晨，我们可以仔细地想一想爱，然后大声地说出来。每一天，我们都可以试着想出至少一件有爱心的事情去做。只要有一个安静的时刻，我们就可以把爱放在心上。这对我们的人生观和身边人的影响是巨大的。

专注于爱和他人的幸福并不意味着我们必须放弃事业或其他目标：关键在于找到一个平衡点。当我们把追寻爱和社会规范结合起来，避免在追求完美的过程中疏远家人或朋友时，我们就更容易掌控自己的生活。

事业可能会带来特别的挑战。想要有爱心可能和事业发展的目标有直接冲突。我的职业是学术医学，在这个行业里，升职极大程度上要靠发表科学论文。大多数的研究都是团队作业，而发表一篇论文，最大的功劳属于名字排在第一位的作者。因此，研究人员可能会激烈地争夺第一作者的头衔。当我们看到同事表现得自私自利，争抢不属于他们的功劳，并以此得到职业发展时，保持我们对爱的专注可能会相当困难。这需要我们对目标的投入和对爱的艺术的训练。

最终，我们能掌控自己在生活中获得多少幸福。许多人在致力于培养爱和克制利己主义的同时，也愿意享受事业有成和偶尔放纵的快乐与兴奋。这种生活方式也许无法带来最高层次的满足感，但它可能是一条更为现实的道路。

正如某些人比其他人更有爱心，某些人似乎更可爱，有些人似乎在某些时候比其他时候更可爱。不管我们有多爱我们的伴侣或子女，有些时候我们可能没那么喜欢他们，因为诸如愤怒、挫折一类的冲动分散了我们的注意力，或者仅仅因为我们正专注于其他事情。这样的时刻正说明了专注的重要性。有意识地关注爱不仅会影响我们给予的爱，也会影响我们实际感受到的爱。

我们对一个人的负面评价越多，就越难集中精力去爱他们，有时爱他们几乎是不可能的事。爱的大师会意识到，负面属性只是一个看法问题。对耶稣来说，世上没有坏人，所以他爱所有人。一位父亲由于女儿是同性恋所以拒绝爱她，那是因为在他看来，同性恋是一种负面属性。在同样的情况下，另一位父亲看到的是女儿的善与美，所以接纳她的个性。爱完全取决于我们的心境。我们可能会发现，爱伴侣和子女比爱其他人要容易得多，但如果专注的话，我们可以培养出对所有人的爱。

第十七章　呼唤爱的教育

得到爱并不是凭借运气，每个人都可以自己掌控；只要愿意付出努力和专注，人人都能得到爱。这也许是我们能给孩子们的最重要的感悟，可以赋予他们塑造自己生活的力量。

人类的一大讽刺之处在于，爱，可以说是人一生中最想得到的东西，而我们对它的理解如此之少，掌握它又如此之难。鉴于它的重要性，我们会期望人类投入巨大的资源去研究如何获得爱。许多人类活动，都有大量的文献解释如何达到精通的水平，有专门的机构研究这些活动，传授这些技术。但是对于爱，却没有准备，没有正规培训。人们期望我们通过家人和经验来学习爱。

宗教的衰落和日益商业化的爱情，也许会让我们在追求幸福美满生活的道路上越来越迷茫困惑。西方社会对学术成就和经济成功的强烈关注导致了对个人成长的忽视。对青少年和年轻人来说，这是一个特别严重的问题。年度调查报告显示，在2008年，45%的高中生感到“重大”的学业压力，而在2001年，这一比例仅为19%。[1] 美国心理协会2013年的一项调查显示，青少年的压力水平与成年人持平甚至超过了成年人，约有三分之一的青少年表现出抑郁的迹象。[2] 为了应对与日俱增的压力，青少年开始更

1 S.J.切赫：《调查发现：青少年的学业压力在上升》，教育周刊，2008年8月5日，www.edweek.org/ew/articles/2008/08/05/45youth_web.h27.html。

2 美国心理学协会：《美国的压力：青少年是否在沿袭成年人的压力习惯？》，2014年2月11日，www.apa.org/news/press/releases/stress/2013/stress-report.pdf。

频繁地酗酒和吸毒。[1] 最可悲的是，1999年至2014年间，美国的自杀率上升了近四分之一（！），其中10到14岁的女性自杀率上升幅度最大。[2]

作为一个社会，我们必须重新考虑我们对孩子们的优先事项和义务。虽然抑郁症和自杀率上升的确切原因还不确定，但很直观的是，学业的压力越来越大，社会对外表吸引力的期望，对经济的关注，以及情感支持体系的弱化都是重要因素。

孩子们在学校里学习技能和知识，以获得我们所定义的人生成功。他们学习历史、科学、数学以及语言。然而，我们很清楚，不出几年，这些知识就会被他们忘得一干二净。我们也训练孩子们成为“有生产力的”社会成员，让他们符合社会对职业和收入的规范。然而，最重要的是，教育我们的孩子爱和个人发展，让他们为生活做好准备，这对他们大有裨益。

我们也许把这项任务看成是父母的职责，但如果父母自己都

---

1 N.R.莱纳德、M.V.格瓦兹、A.里奇、J.L.林里克、C.M.克莱兰德、L.艾略特和M.格雷特：《对私立学校中学生的压力、应对和药物滥用的多方法探索性研究》，心理学前沿杂志，6期，1028页，2015年。

2 莎莉·C.科廷、玛格丽特·沃纳和霍利·赫德高：《1999-2014年美国自杀率上升》，美国疾病控制与预防中心，国家卫生统计中心（NCHS），NCHS数据摘要，编号241，2016年4月。

很难理解爱，又怎么能教会孩子呢？我们也许会认为，传授爱是宗教机构的功能，但宗教教育可能会限制孩子的独立思考。无论如何，儿童和青少年的宗教培训正在迅速减少。2014年，皮尤研究中心发现，在美国，35%的年轻人（18岁至29岁）没有宗教信仰。[1]

然而，众所周知，青少年时期是孩子最为脆弱的时期。激素的变化增加了青少年对抑郁的易感性，让他们容易感到孤独。[2]在那段时期，孩子们感觉得不到父母的理解，指导他们如何处理情绪和人际关系可能对他们有好处。100多个研究发现，宗教或灵性对青少年的心理健康有积极影响。[3]鉴于我们社会中宗教的衰落，对青少年的情感支持越来越少，这使他们容易受到焦虑、抑郁和药物滥用的影响。爱的教育可以填补这项空白。

传授爱的基本原理，可以帮助儿童和青少年更加成熟地理解

1　皮尤研究中心：《宗教形势研究》，www.pewforum.org/religious-landscape-study，访问于2016年10月1日。

2　E.J.苏斯曼、L.D.多恩和G.P.克罗索斯：《青少年的负面影响和激素水平：现状和预测》，青年和青春期杂志，20期，167-190页，1991年。

3　R.E.德夫、S.S.丹尼尔、T.D.阿姆斯特朗、D.B.戈德斯顿、M.F.特里普利特和H.G.凯尼格：《宗教/灵性和青少年精神症状评论》，儿童精神病学与人类发展杂志，39期，381-398页，2008年。

爱，避免犯下可能带来长期后果的错误，例如意外怀孕、染上性病或陷入不健康的关系。重要的是，学习爱有助于他们的身体和智力发展，给他们信心去处理社会压力以及随之而来的精神压力。教导青年们爱的基本原理，可以让他们反思人类存在的本质，为他们的发展提供必要的引导。

不需要得到外界的认可就能“爱自己，也接受爱”非常重要，意识到这点的孩子能更好地应对生活。培养孩子相信自己的个性和价值，可以帮助他们接纳真正的自我，有助于他们抵制负面的社会压力和期望。通过教导孩子“每个人的价值源自于他/她是一个有能力去爱的独立个体”，可以帮助他们理解，一个人的价值与外表和学业成就无关。这项认知可以帮助孩子们享受童年，帮助他们在以后的生活中找到平衡。

成长为一个有爱心的人需要奉献、知识和成熟，这个过程远不是童年时期就能完成的。然而，我们可以为让每一个孩子找到爱并成长为一个有爱心的人奠定坚实基础。我们可以教育孩子，爱始于我们对自身行为和想法的感悟；爱是所有人与生俱来的，但我们必须保护它不受竞争性的自私冲动的影响；得到爱并不是凭借运气，每个人都可以自己掌控；只要愿意付出努力和专注，人人都能得到爱。这也许是我们能给孩子们的最重要的感悟，可以赋予他们塑造自己生活的力量。

从实际上说，我们该如何传授孩子们爱呢？可以考虑在七年级或八年级的时候开设“爱的艺术”这门课程，讨论爱的哲学和思想家的教诲，例如苏格拉底、孔子以及其他人的学说。课程可以延续至高中，以当代对爱的思考和讨论结束。这些课程的主要目标，是让孩子们认识到坠入情网的强迫性成分；一时迷恋与成熟持久的爱的区别；爱与性的区别；以及“通过把注意力从自私自利转向真正关心他人，我们可以学会爱”这一原理。课程也可以探索人类需求的相互联系，以及它们对精神和情绪状态的影响。高中和大学的课程可以更深入地探索爱的哲学、精神、生理和心理层面。所有这些课程都应该只根据出勤率给学分，不该给学生增加额外的课业负担和压力。

现行教育体系的基本结构始于19世纪，满足不了当今世界的需求，也跟不上瞬息万变的社会节奏。[1]不幸的是，大幅度改革教育体系需要很多年的时间。与此同时，在健康研究课程上，以及生物学和性的话题上，都可以教授爱的基本原理。不过更好的

1　T.瓦格纳和T.丁特史密斯：《前程似锦：如何让孩子为创新时代做好准备》，斯克莱布诺出版社，纽约市，2015年。

选择是开设一门专注于个人发展的全新课程。

作为一个社会，我们应该决定什么和孩子的教育真正相关。鉴于有证据表明青少年的压力、抑郁和自杀率上升，是时候停下来重新考虑一下我们的优先事项了。在这些优先事项中，必须有“让我们的孩子去探索他们爱的巨大能力”。

结语

我们都拥有希望、梦想和渴望，它们鼓舞着我们的人生。最终，我们必须找到存在的目的，坦然接受我们是谁，要到哪里去。我们都在为过上幸福生活而努力。

如果我们对此共同目标达成一致，就可以问问自己，怎样才能切实可行地实现它。我们都知道爱是实现幸福的关键因素，可是却被生活中的各种活动所吸引，对系统地探索爱的本质没有兴趣。有些人则认为爱本来就难以捉摸。

从务实的角度来看，尝试理解爱和幸福的机制也许会增加我们成功的机会。尝试理解一种现象，必须从定义它，或者至少从描述它开始。在英语中，“爱”这个词在不同的语境中有不同的含义，这让我们对“爱”的概念更加困惑。在人与人的关系中，只要我们识别并区分出与爱相关的其他情感，就会得出一个统一的爱的概念。

爱与人际关系的区别是这个概念的核心。恋爱和非恋爱的共同之处在于，两者都强烈希望某人幸福安康，并为之不断努力。与非恋爱的人际关系相比，在恋爱关系中，我们可以体验到激情和性吸引力，但是在这两类关系中，我们称之为“爱”的力量是一样的。神经科学不仅支持这种观点，还帮助我们理解恋爱和非恋爱关系中的变量，包括对爱的无私性的困惑。爱作为一种现象，本身总是无私的，而人际关系则通常需要互惠。

要理解爱和幸福感的关系，我们需要理解生理学和爱的发展环境。爱是激励我们行为和想法的众多需求之一。因为它对我们自身和我们的物种至关重要，专注爱会带来持久的神经化学和情感上的回报，而其他的需求只和短期的满足感相关联，并且常常伴随着悔恨。然而，许多其他需求很强大，我们终生都要顺应它们。

和动物不同，人类能够有意识地选择需要顺应的需求。因此，我们掌控着自身的爱与幸福，它们的确是选择的结果。不幸的是，要拥有这样的控制力很难，因为大多数人意识不到自己的需求以及它们对思维的影响。此外，因为在成长的过程中，我们几乎没有控制过冲动，所以在以后的生活中学习如何去做会有难度。在理想的情况下，我们应该帮助孩子意识到他们的需求，培养他们控制需求，也就是说，在他们还年幼的时候就传授他们爱的艺术。

把爱从宗教中分离出来是一项颇具挑战性的任务。宗教中充满了爱，是因为爱是神圣的，还是因为宗教把爱当作人类生存的一种根本力量（但不承认它的生物特性）？这两种观点都有道理，当然，生物本身也可以被视为神圣的或者天赐的。有神论者和无神论者都可以通过专注爱获益，而不用争论他们的假设是否正确。尽管爱不能解释所有生命的目的，但它可以为有目的的生活提供指导。不管有没有宗教体系，爱都为幸福美满的生活提供了答案。

爱的匮乏不仅会损害人际关系，还会损害所有的人群交流，尤其是在社会事件和国际事务的层面。几乎每个人都希望过着幸福和平的生活。那些对他人有敌意的人——这反映了他们对生物学观念的无知——不仅会伤害到他们周围的人，也会伤害到他们自己。我们对自身很多冲动的迷茫困惑妨碍了我们享受更伟大的团结。

我们都要在许多种需求中做出选择，这些需求在我们生命的每一分钟里都发生作用，很多我们根本意识不到。在追求幸福生活的旅程中，我们扬帆起航，历经艰难险阻，尝尽悲欢离合。对任何人来说，旅途都不会一帆风顺。有时海面平静，波涛不兴，我们可以尽享美景。其他时候，我们必须乘风破浪，穿越风暴和黑暗。在我们的航线上，许多伟大的思想家和精神领袖树立了座座灯塔，它们的灯光指引着一个方向——警惕自私的诱惑，追随爱的光芒。

致谢

和任何对理论性概念的讨论一样，本书的有效性需要合理的论据和他人的肯定来证明。我要感谢许多同事、学者以及其他参与了当面讨论和线上讨论本书中提出的概念的人。由衷感谢以下诸位帮我进行分析，给出建设性的批评：安玛丽·博扬、多米尼克·维尔德、艾丽安·沃尔法特。感谢我的出版商，新世界图书馆出版公司，感谢其对本书价值的认可。衷心感谢我的经纪人，斯蒂芬·埃文斯，以及我的编辑乔治亚·休斯，感谢他们的细心审查和宝贵建议，帮助我完善书稿。特别感谢艾瑞卡·巴奇，她出色地编辑了书稿，提出了很多有建设性的深刻意见。

我的父母为我奠定了爱的基础，为此我将永远心存感激。我的母亲一直不倦地照顾我和弟弟奇恩，这份无私的爱永远是我心目中舐犊之爱的典范。感谢我的子女，瑞恩、埃里克、卢卡和佐伊，他们不仅鼓舞了我顺利完成这个项目的雄心，也是我研究爱的完美模型。尤其要感谢我挚爱的妻子丹尼斯，对她致以最深刻的谢意和感激。她是我最杰出的参谋、我永不疲惫的情感支柱、我所能想象的最伟大的爱之源泉。

关于作者

阿明·扎德，医学博士、哲学博士和公共卫生硕士，美国约翰霍普金斯大学教授。他已发表了100多篇论文，同时是医学学术书籍编辑，常在国内和国际学术会议上演讲，指导世界各地的教育活动。

作为一名心脏病学家和科学家，扎德博士亲身体会到心脏病和心境之间的紧密关系。失去爱真的会让人心碎，这是一种严重的心脏病。扎德博士运用他从临床和研究经验中得到的技巧，分析整合复杂数据，提出了关于爱与幸福的新的概念和假说，建立了一套理解爱、掌握爱的体系，经受了广大线上读者的检验。该体系整合了哲学与宗教的思考以及人类生物学的见解。

扎德博士出生于德国杜塞尔多夫，并在那里接受教育，攻读医学院。在德国和英国接受了最初的研究生培训后，他于1995年来到美国，完成了他在医学、公共卫生及科研方面的教育和培训。